国家出版基金项目
NATIONAL PUBLICATION FOUNDATION

中国出版家丛书
ZHONGGUO CHUBANJIA CONGSHU

中国出版家
张静庐

Zhongguo Chubanjia
Zhang Jinglu

柳斌杰 主编　　王鹏飞 乔晓鹏 著

人民出版社

出版说明

　　出版不仅仅是一个充满竞争的商业领域，同时，它也深深打上了"文化"和"思想"的印记。在这个文化场域中，交织着多种力量的动态关系，通过出版物的呈现和出版活动的开展，描绘了一个时代的文化风貌；而回旋折冲于其间者，则是那些幕后活跃、台前无闻的各类出版人。他们自喻"为他人做嫁衣裳"，事实上，却是国家文化传承和历史记录的主要担当者，有出版发展的参与人和见证者甚至称他们所起的作用为保存民族记忆的千秋大脑。虽然扼据出版要津之地，却少见自家行当的人物传记出版。本丛书是第一次规模化地为这个群体中的杰出者系列立传，从一个人到一群人的出版事功中，折射出近代以降出版业的俯仰变迁，同时也见证着出版参与时代文化思想缔构及其背后深广的社会历史内容。那些曾经彪炳于时的出版人，一方面安身于这个行业，以其敏锐犀利的时代洞察，在市场、经营与创意中躬行实践，标领乃至规划了这个行业的发展，并使之成为国民经济的一个重要门类；另一方面又在"安身"之外，显现出面向社会的公共性关怀与"立命"的超越性关怀，从职业而志业的追求中，服务于民族解放、思想启蒙与文化进步的社会性经营，书写了出版人生的风采、风骨与风流。

本丛书所传写的 50 余位出版人，均为活跃于 20 世纪并已过世的出版前辈。中国古代也曾涌现了陈起、毛晋等出版大家，只是未纳入本书的传主范围。丛书在体例上，有单人独传与多人合传之分，但这并不必然意味着对传主出版贡献及其历史地位的轻重判别，许多情况下的数人合传，乃困于传主史料的阙如而不得已的选择，某些重要出版人如大东书局总经理沈骏声、儿童书局创办人张一渠等，也囿于同样情形而未能列入本丛书的传主名单，殊觉憾事。虽说隐身不等于泯灭，但这个行业固有的幕后特征多少带来了出版人身份上的隐而不显、显而不彰。本丛书的出版，固然是想通过对前辈出版事迹的阐幽发微、立传入史，能让同样为人做嫁衣者的当今出版人不至于觉得气类太孤，内心获得温暖，并昭示后来者在人生目标上，在家国情怀上，在出版境界上，追步于前贤，自觉立起一面促人警醒自鉴的镜子；同时更希望通过一个个传主微历史的场景呈现，让更多的人认识到出版在产业之外，更是一项薪火相传的社会文化事业，它对时代文化的接引与外度，使其成为一种任何人都不可忽视的"势力"，在百余年来的社会发展进程中，发挥了不可替代的作用。

故此，我们推出这套"中国出版家丛书"，以展示中国文化创造者的风采，弘扬他们的优良传统和崇高的职业精神，发掘出版史史料，丰富出版史研究和编辑史研究。

"中国出版家丛书"编辑委员会

人民出版社编辑部

二〇一六年四月

目　录

前　言

现代著名小说家和学者施蛰存先生回忆自己 20 世纪 30 年代的出版活动时，说过一句话："张静庐和平襟亚是当年四马路出版界的两位霸才，他们的营业竞争，勾心斗角，可谓旗鼓相当。"[1] 这句话的背景，是施蛰存先生为张静庐的上海杂志公司标点了一部北京图书馆影印的《金瓶梅词话》，列入"中国文学珍本丛书"之一。当时中央书店的老板平襟亚也打算出版此书，为了占得先机，张静庐主动联系平襟亚谈判，商定张静庐借用中央书店的底稿，让上海杂志公司先印一版，然后版型免费转让平襟亚使用。张静庐占得先上市的机会，平襟亚获得免费的版型，双方各自怀揣小算盘，展开了一场"勾心斗角"的合作。时移世易，几个月之后，结果是"这一盘棋，平襟亚输了"[2]。至于被

---

[1]　施蛰存：《杂谈〈金瓶梅〉》，《施蛰存七十年文选》，上海文艺出版社 1996 年版，第 701 页。

[2]　施蛰存：《杂谈〈金瓶梅〉》，《施蛰存七十年文选》，上海文艺出版社 1996 年版，第 703 页。

张静庐延聘的施蛰存，则是"帮老板赚了一大笔钱，自己却背上了一个'标点淫书'的罪名，虽然书中的淫言秽语都已删净"①。

施蛰存的回忆，只是一件具体的出版公案，但他的叙述，却呈现出一位心思活络、特殊精明的出版人物——张静庐。张静庐 1898 年出生于浙江慈溪，他的出版人生，开始于 1921 年的上海。在慈溪的乡间度过最初的十几年之后，他来到上海的一个小作坊做学徒。打杂之余，他就跑到号称文化路一条街的四马路，在各大书局的门店里翻阅苦读。得现代出版风气之先的上海，让张静庐看到了新的文化环境，也给了他最初的知识滋养。他开始模仿刊物上的作家写小说，也开始学着办杂志。这些当时文化人的常态活动，对于一个早年辍学的年轻人来说，并不轻松，他遭遇到的几乎都是失败，甚至让自己的生活也陷入了困境。其间他去山东贩卖过枣子，又因为赌博失利连夜逃跑，连租住地方的行李都不要了。对于一个一心想创造灿烂人生的浙东青年来说，他几乎到了人生的最低谷。

正所谓山穷水尽，柳暗花明，在人生最低谷的时候，张静庐遇到了最该遇到的人。在上海召开的一次反对北洋政府的全国各界联合会上，他结识了上海泰东图书局的老板赵南公。

此后的人生，张静庐开始在出版家的道路上展开。虽然在 1921 年秋，张静庐还曾经进入上海联合通信社任外勤记者，此后又短暂进入国闻通信社、上海《商报馆》任职，与严谔声、周孝庵等人发起筹备中国第一个新闻记者职业团体——上海新闻记者联欢会，并且参与上海新闻学会，先后出版《中国的新闻记者》、《中国的新闻纸》等著

---

① 施蛰存：《杂谈〈金瓶梅〉》，《施蛰存七十年文选》，上海文艺出版社 1996 年版，第701 页。

作，一度被誉为"上海新闻学会健将"，作品也被收入了"上海新闻学会小丛书"。但相较于他在出版事业上的成绩，或者相较于范长江、徐铸成等其他新闻记者，张静庐的新闻生涯只能说是他人生中的一个插曲。这个插曲让他的出版人生增添了别样的风致，但并没有影响他出版人生的主旨。

存在主义曾言，存在先于本质。此前张静庐的各种社会历练，说是折腾也好，当作试错也罢，这些"存在"活动，都为他的出版人生作了铺垫。他进入的泰东图书局，与现代文学史上知名的创造社紧密相连。在泰东图书局任职期间，张静庐与郭沫若、郁达夫、成仿吾等人有着交往，合作出版了不少书籍。同时他还在继续写作自己的小说，在上海《民国日报·觉悟》发表短篇小说《无期徒刑》、《两头大》、《是哪一个的错》、《捉赌》和剧本《究竟谁是谁的奴隶》等。虽然相较于郁达夫等人，这些小说的文学价值几乎可以忽略不计，但却为他此后进入新书业奠定了基础。1920年的6月，张静庐在泰东图书局出版了学术著作《中国小说史大纲》，对于小学文化的张静庐来说，写这种与鲁迅先生的名作近乎同题的学术作品，委实有点吃力，不过由此养成的学术视野，也让他在新中国成立后率先辑录了《中国近现代出版史料》，成为现代文学史和出版史研究的资料丰碑。1921年3月，张静庐与汪仲贤、沈雁冰、郑振铎等发起成立民众戏剧社，宣扬戏剧改良运动，虽然该社存在时间很短，却对此后的戏剧运动影响很大，也为其抗战时期的戏剧出版埋下了伏笔。

1924年，他离开泰东图书局，与沈松泉合办光华书局，出版《洪水》、《萌芽》、《幻洲》等进步书刊。1925年9月，上海群众图书公司出版了他的短篇小说集《薄倖集》。1927年与洪雪帆等合办现代书局，出版《南国月刊》《大众文艺》《新流月刊》《现代》等进步书刊。1929年8月18日，创办上海"唯一社会科学书店"——上海联合书店，专注于宣扬马克思主义的社会科学进步书籍出版。

1934年，他创办了我国第一家专营杂志的专业书店——上海杂志公司，进入了他出版人生的最高点。上海杂志公司算得上现代出版业的一个创举，业务上除了代办代订全国各地出版的各种期刊外，后来还增加了出版功能。"中国文学珍本丛书"的出版，成为其业务由专门售卖杂志向图书出版转向的重要标志之一。在出版物的选择上，张静庐的底层出身和早年的抗争经历显示了无形的力量。他先后出版了艾思奇主编的《读书生活》、黄源主编的《译文》、孟十还主编的《作家》和黎烈文主编的《中流》等十多种颇有影响的进步刊物，以及不少左翼作家的重要作品。抗战军兴，上海杂志公司先后在武汉、广州、桂林、重庆等地设立分店，出版的也都是抗战进步书刊。

在出版界有了一定影响力，张静庐开始在个人事业之外，尽力推动中小出版业的发展。1942年，张静庐与时任国民政府中央宣传部编审科科长的印维廉展开了关于文艺书刊出版的论战，代表民营新书业发声。1943年，面对出版业困难，张静庐协助黄洛峰串联了在重庆的文化生活出版社、群益出版社等出版社，成立了新出版业联合总处，张静庐被推为总店总经理。作为中共中央南方局在重庆出版界的爱国统一战线组织，该组织致力为中小出版企业发声呼吁与出版自由抗争。自此阶段，张静庐实现了从个体出版人到中小出版业领军人物的身份转变。

从抗战胜利到新中国成立初期，张静庐的出版社会活动主要围绕新出版业联合总处，以及汉口、上海两地的出版同业进行，开展民主统一战线活动，继续为出版事业奋斗。他曾参与上海出版工作者协会筹备工作，参与举办苏联文化代表团团员欢迎活动，担任上海出版业华北东北参观团团长，参与举办通俗出版业学习演讲班。

新中国成立后，张静庐进入出版总署，相继担任出版总署计划处副处长、私营企业处处长、出版总署专员，参与筹备第一届全国出版工作会议，积极为私营出版业改造和全国出版事业发展贡献智力。1955 年后张静庐调任古籍出版社编审，1957 年古籍出版社并入中华书局，张静庐调任中华书局近代史组组长，1958 年任中华书局编审委员会委员。期间陆续编辑出版了《中国近现代出版史料》共七编八册。1965 年退休返沪，1969 年 9 月 17 日病逝于上海。

从 1921 年踏入出版界到 1969 年去世，张静庐的编辑出版生涯长达近五十年之久。他先后历经泰东图书局、光华书局、现代书局、上海联合书店和上海杂志公司五家出版机构，与众多近现代文化名人都曾建立社会交往。在持续的编辑出版、经营活动中，他形成了自己独特的出版思想和出版理念。他同时笔耕不辍，在上述提及的作品之外，他还写有自传《在出版界二十年》、小说集《落英与狂蝶》以及《革命后的江西财政》等。

一个早年辍学的小学毕业生，通过自学和努力，在时代的大潮中拼搏向上，成为知名出版家和出版史料大家，张静庐的出版人生堪称逆袭的精彩之作。其中的细节，也将在后面的内容中次第展开。

第一章

从慈溪到上海

一、慈溪少年

张静庐原名张继良，光绪戊戌年四月初七，也即 1898 年 5 月 26 日，出生于当时的浙江镇海县龙山镇。1954 年，龙山镇划归比邻的慈溪县管辖。慈溪隶属宁波，这个浙东小城山明水秀，物阜民丰，走出了诸多有影响的历史人物。现代有名的浙商领袖虞洽卿，就出生在这块土地上。虞洽卿比张静庐大 31 岁，在当地被亲昵地尊称为"阿德哥"，有了他的资源，小小的龙山镇在民国时期就设立了电报局、电话局、电灯厂，架设了自来水，修了马路，甚至拥有一条火车道，虽然主要是为阿德哥的三北轮船公司服务，但这些现代化的设施，足以让小小的龙山镇感受现代风气之先。

张静庐自小生长在这样一个地方。多年以后，他说，"在国民政府还没有成立之前的时代里，一个乡村的建设具备着都市化的雏形，在浙江省境内确实找不出第二个"[1]，满是自豪。家乡环境确实不错，但张静庐的家境却相当一般。他的父亲出生于一个佃农家庭，成年之后做了屠户，加之与家族不和，独自搬迁到龙山镇上开了一家鲜肉铺。张静庐是家里的第七个孩子，上面有四位姐姐和两位哥哥。这种家庭结构，生活品质可想而知。更重要的影响来自张静庐的父亲，可能长期在底层生活的缘故，这位读书不多的屠户最厌恶穿着长衫大褂的人，也包括读书人，所以张静庐只在家乡的演进小学读了几年书，就开始了社会的闯荡生涯。

二、"四马路巡阅使"

张静庐的社会第一课，是到商号做学徒，这也是他两位哥哥走的道路。1912 年 4 月 23 日，张静庐成为上海天潼路同庆永烧酒坊的一个学徒。他的主要工作是刷酒瓶，当然还兼职老板家的私人保姆，负责倒夜壶、擦水烟袋和扫地抹桌子。学徒生涯无甚值得记述之处，但对张静庐来说幸运的事情，是他的社会人生刚刚开始，就来到了上海。上海作为当时的远东第一都市，极大地拓展了张静庐的眼界，弥

---

① 张静庐：《在出版界二十年》，西北大学出版社 2019 年版，第 6 页。

补了原生家庭的不足。这种江浙沪地区的地利之便，为其他地域难以企及，也是晚清民国时期江南地带人才辈出的主要原因。成功人士大都具有强烈的内生动力，得以突破自己的人生局限，张静庐也不例外。他热爱读书和写作，借助小学教育培养的识字功底，他有了一定的阅读能力。作为现代出版中心，上海又为张静庐准备了充足的读物。他先是租借游街的小贩带到店里的各种杂书，传统小说、明清笔记，都让他看得目眩神迷。很快，他又发现了新大陆，那是1913年的春季，他第一次看到了恽铁樵主编的《小说月报》，阅读之后，他甚至萌生了到商务印书馆当一名练习生的念头。此后的空余时间，每到酒行打烊，他就从天潼路走到书店云集的四马路，去看每一家书店橱窗里以小说为主的新书封面，为此，他的同事给他取了一个"四马路巡阅使"的诨号。1913年8月开始，张静庐又到了位于上海新开河的新康洋纸行学徒，这是他的哥哥与姐夫合开的店面，作为老板的弟弟，地位比其他学徒高了不少。他在纸行的工作相对空闲，跑到棋盘街和四马路去翻阅新书的次数就更多了。

　　四马路的巡阅经历对张静庐的影响很大。他通过阅读，自学文言文，模仿林纾等人的翻译和鸳鸯蝴蝶派作家，开始尝试写作小说。他的第一篇文言小说《冷与热》，描写一个女人和贫富两位青年的爱情故事，投给了他一向敬仰的《礼拜六》周刊，不幸的是没有被王钝根先生采用。很快他又写了第二篇《游丝》，被沈卓吾主持的《妇女周报》发表了，成为当时张静庐最快乐的一件事。自此之后，他的一生写作不辍，对一个小学毕业的人来说，委实不是一件容易的事情。而更重要的影响，是从这时候起，成为一名出版人成了他人生的重要梦想。

三、初办小型报

张静庐是一个想做什么事情立即就干的人。还在学徒的 1914 年，他自己在牯岭路的余庆里，办了一份小报《小上海》，因为翻译了一篇关于性问题的文章，被公共租界工部局以"妨害风化"的名义勒令停刊。小报被关停，他并不气馁，很快又借了几百块钱，办了《小说林》和《滑稽林》两份刊物，也因为没有发行经验，很快折本倒闭。办刊虽然没能成功，却为他的写作提供了广阔舞台。1916 年农历正月，张静庐又到了哥哥与他人合开的"小醉天"酒馆打工，负责记账，每天要工作十五六个小时。但他笔耕不辍，主要是写小说，发表在上海《中外日报》的副刊上。从这一年开始，他使用了"静庐"这个笔名，后来成为他最为人知的代号。

张静庐在哥哥的酒馆干了 4 个月就离开了，除了记账的工资只有可怜的 4 块钱之外，更关键的是这个账房总是想着写小说，把账目记得一团糟，也让另一个合伙人不满。为了糊口，他又跑到了一个诈骗性质的国文函授学社当了几个月秘书。1916 年秋，一个偶然的机会，张静庐发现天津的《公民日报》副刊上也刊登着他的小说。他就给报纸的主编刘揆一写信质问，不久居然接到了刘主编的回信，问他愿不愿意去报社担任副刊编辑，还不好意思地表示，因为报社经济条件不佳，请张静庐"半尽义务，月致车费四十金"。这个金额，是酒馆记账收入的十倍，又是最喜欢的工作，于是张静庐第一次走了远路，坐上了远赴天津的盛京轮船。在《公民日报》的时间，张静庐除了编发不给稿费的副刊，后来还兼做一些新闻编辑工作，这是他做新闻记者的开始。

张静庐在《公民日报》工作的时间也不到一年，到了 1917 年 6 月张勋复辟的时候，报纸就停刊了。皮之不存毛将焉附，张静庐只好卷起铺盖，回到自己的龙山老家。这一年，他结了婚，在家乡的小学干了不到一学期的教员。第二年的夏天，他又像黄泥冈上的好汉一样，到山东贩卖过枣子。在这中间，他还谋得了一份济南津浦运输公司文牍的职务。可惜的是，或许是因为动荡之中获得新职的兴奋，在还没有正式入职的时候，他应几位朋友的约请去喝花酒，赌牌，一晚上下来，居然输了三百八十多块钱。情急之下，张静庐铺盖也不要了，撒了一个谎，抽身直奔火车站，从济南逃到了南京的下关。在这里，他投奔了父辈的朋友郑茗友，一位下关升顺经租处的经理，这位父执收留了他，还给他一叠商务印书馆下关分馆的书卡。就这样，他在阅读中，滞留了一个冬天。

四、救国十人团

1919 年春，张静庐那位看不起长衫客的父亲去世了。住在乡下老家的张静庐，继续处于失业之中。这时，他有了第一个孩子，生活的压力，加上几年下来没干好一件工作的经历，让他成了邻里眼中不长进的孩子，即使在家里，也不受待见。于是，他再次离家，揣着向姐姐借来的 3 块钱，重回上海。恰好这时候五四运动爆发，到了 6 月 3 日，上海举行罢工、罢市、罢课，持续声援。商界领袖杨瑞葆筹划的"救国十人团"要编一份《救国日报》，因为前期的办报经验，张静庐担纲编辑。对于这份可以拔高到救国救民的差事，张静庐回忆的感受是，"我的吃饭问题总算暂时有了解决"[①]。后来上海等七省市的商界又组织北上请愿团，推选四位请愿代表，张静庐以"救国十人团联合总会代表"的身份入选，主要原因还是为了继续解决吃饭问题。就这样，张静庐到了北京，参加了游行，大闹了新华门，与一群伙伴被关进了监狱，48 天之后被营救释放。作为爱国犯，从北京返回上海的途中，张静庐和伙伴们参加了好几场各界举行的慰问宴会。

然后，他又失业了。

这一时期，张静庐一直活在失业的恐慌之中。他也不好意思回家，上次因为折腾一圈却没有找到工作，被乡邻鄙视，这次不但没有工作还吃了一次牢饭，他们的眼光可想而知。已经 21 岁的张静庐，到了山穷水尽的地步，人生的低谷简直不能再低了。好在天无绝人之路，五四运动的兴起，带来了全国的革命热潮。为了反对北洋军阀的统治，孙中山带领国民党在南方建立了革命基地。曾任北洋政府内务总长的革命元老孙洪伊，当时被称为"小孙"，这时也脱离了段祺瑞的执政团队，在上海组织联合反对段执政的全国各界联合会。可能因为此前"救国十人团"的经历，张静庐被宁波各界联合会的领导人金臻庠、陈荇荪提名，担任宁波方面出席全国各界联合会总会的代表。对这个决定，张静庐挺高兴，因为"失业的恐慌又得暂时解决了"。

当时只顾着高兴的张静庐，可能还不知道，这一次的出席会议，会成为他开启出版人生序幕的关键时刻。

---

① 张静庐：《在出版界二十年》，西北大学出版社 2019 年版，第 42 页。

第二章

踏进出版界

　　与张静庐一起出席反对段执政的全国各界联合会的上海代表中，有一位叫赵南公。赵南公是河北曲阳人，燕赵大地的慷慨悲歌之士，当时担任上海泰东图书局的老板。他正在为经营上的困难发愁，想找一位干练的助手。张静庐的出现，正合他的心意。对急于寻找饭碗的张静庐来说，这简直是一份梦寐以求的工作。经过几次交谈，两人达成合作意向。此后的故事张静庐说，"我开始主编一本月刊《新的小说》，从此我踏进了出版界"①。

　　那么，张静庐的出版生涯，我们就从《新的小说》说起。

---

① 张静庐：《在出版界二十年》，西北大学出版社 2019 年版，第 57 页。

一、《新的小说》

《新的小说》是张静庐主编的第一本有些影响的刊物，相对于他此前的办刊经历来说，有了泰东图书局的加持，就有了一点长袖善舞的味道。《新的小说》创刊号出版于1920年3月15日，编辑者署名张静庐，编辑所是上海新潮社，地址是上海八仙桥永乐里十五号张静庐收转。发行者署名赵南公，发行所则是张静庐入职的泰东图书局，地址设在上海四马路中市。定价每期大洋一角，预定则是每年十二册，大洋一元。

《新的小说》的编辑出版，一如其他刊物，无甚特殊之处。这里要重点叙及的，是这份刊物的编辑所"上海新潮社"。在现代文学和出版史上，1918年底由北大学生傅斯年、罗家伦等人成立的"新潮社"，以及次年开始出版的《新潮》杂志，无论在当时还是后来都影响深远。北大"新潮社"的骨干成员，傅斯年、罗家伦、杨振声、顾颉刚、康白情、俞平伯等人，也是现代文化史上的知名人物。相较之下，张静庐等人的上海新潮社，就显得有些寂寂无名了。上海新潮社是个文学社团，社团主要活动就是编辑出版《新的小说》，杂志创办之日可以视为其成立日期。上海新潮社的第一批成员，有张静庐、刘悟仇、诸白萍、程笑佛、齐铁忱、王梅魂等，其中张静庐是核心。《新的小说》创刊号上，有一篇《本社启事》，对刊物的运作程序叙述甚详，"本社的组织，是张静庐、刘悟仇、诸白萍、程笑佛、齐铁忱、王梅魂几位同志所结晶的；以后的同志，如和我们的意思一样，不妨逐期加入。本刊稿件的排次，是照着交稿的先后为标准，并不分着什么好歹和先后。所有关于本社编辑一切事务，请写信给上海法租界八仙桥永乐里十五号张静庐接洽；如关于发行事务，请与英租界四马路泰东图书局接洽"①。在此后的刊物上，陆续介绍着新加入的同志。第三期上公布了第二次加入的社员——陶乐勤、周畹兰、曹靖华、叶福绵。第五期公布了第三次加入社员——邓演存、孔襄我、侯可九、汪自新。这一期还介绍了加入的门槛："本社欢迎同志无条件入社；社约为各进所能，各尽所知。"上海新潮社的成员，"都是二十岁左右的青年职员或青年学生，以当时居住上海的为多，除张静庐、王靖外，其中不乏当时文坛的积极活跃者，如王无为、陈建雷、邓演存、孔襄我、李祖荫等"②。其中最知名的社员，就是第二次加入的曹靖华，他"当时的文学活动不算多，然而，几十年后，他在中国文坛的声名，却比其他上海'新潮社'成员都要显赫"③。

对一个没有多少教育背景的张静庐来说，主动出面组织一个文学社团，可见他当时对文学的热爱程度，也显示了他愿意张罗事情的个人特质。这种特质也为他以后组织上海杂志公司，抗战时期组织各书店的联合会等埋下了伏笔。对于《新的小说》杂志，张静庐也是格外重视，在创刊号上，他专门写了一篇署名静庐的《创刊话》：

　　大凡一本册子，或一张报纸，发行在第一天里，终要做一篇发刊辞；或一通宣言；这是习惯上和手续上省不去的。

　　今天是我们《新的小说》出版的第一天，也循理做一篇创刊

---

① 《本社启事》，《新的小说》第一期，1920 年 3 月 15 日。
② 陈青生：《曹靖华与上海"新潮社"》，《新文学史料》2007 年第 3 期。
③ 陈青生：《曹靖华与上海"新潮社"》，《新文学史料》2007 年第 3 期。

话，来说明我们办这小册子的趋旨。

我们为什么要办小说？因为我们知道这小说在社会上的潜势力，非常的大，能够默移人心，去向善向恶；我们并且承认这小说，是通俗教育的一种，要借他来补助社会教育的不足。

但是我们为什么要在小说上面加"新的"两个字呢？因为有两种理由：

中国的旧小说，和现在坊间流行的一类小说，都是不合现代潮流的了。像红楼水浒玉梨魂的一流，看的人不过拿他当"茶余酒后怡情悦性"罢了；倘要将他认真当做是通俗教育的辅助品起来，那么，就逃不了"诲淫诲盗"的罪了。

旧社会的万恶，旧习惯的罪孽，已渐渐的暴露出来，处处是表示不合现代潮流了；这种社会，我们不能不去改造他，这种习惯，我们不能不去打破他。

有这两种理由，我们就不能不办这一本册子，是标明不和旧的小说一样，只当做"茶余酒后，怡情悦性"的用；是用——"新的"文化来改造旧社会，"新的"思想来建设新道德。以上所说，就是我们办《新的小说》的趋旨。

《新的小说》采用了作坊式的编辑模式，主要是社里成员们自己的文学园地，并没有多少外来投稿，具有很强的同人刊物特征。张静庐自己更是笔耕不辍，如第一期创刊号有 14 篇小说，张静庐自己发了 4 篇，第二期上有 13 篇小说，他又发了 4 篇，此后也基本每期都能见到"静庐"的名字。对于《新的小说》的内容，张静庐还别出心裁，第三期就专门设置为"恋爱号"，提前一期就在刊物上发布预告。

第五期和第六期又设置成"托尔斯泰号"。诸如此类的举动，是当时刊物的流行操作，张静庐对之运用愉快，俨然一个办刊老手。

张静庐主编《新的小说》，坚持了一卷六期。第五期的"本社启事"中，张静庐发了一条信息，"静庐多病多劳，且泰东图书局编译所事务又忙，对于社务多不能顾到，实在抱歉得很，以后编辑事宜，暂由王靖君负责；至于社务进行，深望爱我诸同志，时赐教言，以匡不逮！"①在前面几期的办刊启事中，张静庐不时说他身体有恙，像第二期的启事中就说"本刊第一期印刷时，静庐刚在病中，所有稿样及其他，都没有经我的手目，致有许多错误的地方"②。这种不时说自己人在病中的做法，是当时上海亭子间文人经常使用的叙述，好像不但能自我感动，还能获得更多同情，促进刊物的销售。

张静庐的做法不知是否有这种考虑，但他逐步脱离刊物的编务却是一个事实。《新的小说》第六期刊登了一篇"本社特别启事"，除了介绍第四次加入的人员——陈建雷、王吟雪、汪梦华、王无为之外，还专门写了一条刊物的变动情况，"本刊第一卷六册现已出齐，自第二卷起，每卷改为五期，由王靖担任编辑责任；至社中大小事务，仍由张静庐负责"③。至此，张静庐第一次真正的办刊告一段落。之后，他的工作重心，就转移到了"编译所事务又忙"的泰东图书局。

---

① 《本社启事》，《新的小说》第 5 期，1920 年 4 月 10 日。
② 《本社启事》，《新的小说》第 5 期，1920 年 7 月 10 日。
③ 《本社特别启事》，《新的小说》第 6 期，1920 年 8 月 10 日。

二、泰东图书局与民众戏剧社

泰东图书局创立于 1914 年，由上海的欧事研究会成员集资创设，主要股东为谷钟秀、欧阳振声等。欧事研究会后转为政学系。在沈松泉等人的回忆里，谷钟秀是赵南公的河北老乡，因此一层关系，后来聘请赵南公担任书局的经理，负责日常事务。后来"政学系的几个分子成了'大人物'，没有再管书局的事"①，泰东图书局就逐步成了赵南公一人负责的产业。咸立强先生考证说，"赵南公真正掌握泰东图书局经理大权，应在 1916 年 6 月"②。

泰东图书局设在上海四马路，在这片书局云集的地段上，赵南公自视甚高。在他眼里，当时的上海"除泰东外实无出版家，真真可怜，彼等全是一丘之貉"③。这种狂言的背后，一方面是当时的泰东图书局确实出版了一些较为进步的介绍社会思想和中国问题的书，颇有影响；另一方面也是他豪爽不羁的北方性格外露。赵南公是泰东图书局的负责人，却热衷于社会活动。他是当时福州路商界联合会的主要倡导人，"由于他热心于商人运动、敢于发言且富有组织能力，被推为总联合会的核心负责人之一"。④ 这也是他参加反对段祺瑞执政府的全国各界联合会的主要原因。

---

① 郭沫若：《创造十年》，《郭沫若全集》文学编第 12 卷，人民文学出版社 1992 年版，第 94 页。

② 咸立强：《中国出版家·赵南公》，人民出版社 2019 年版，第 26 页。

③ 咸立强：《中国出版家·赵南公》，人民出版社 2019 年版，第 26 页。

④ 沈松泉：《关于光华书局的回忆》，宋原放：《中国出版史料》现代部分第一卷上册，山东教育出版社、湖北教育出版社 2001 年版，第 347 页。

　　张静庐与赵南公在全国各界联合会的见面，是在 1919 年 11 月，在他主编《新的小说》之前半年多的时间。见面之后，赵南公将当时正愁没有工作的张静庐招聘入局。当时与张静庐同时被延入泰东图书局做编辑的，还有王无为、王靖和沈松泉等。王无为，又名王新命，福建福州人，主编泰东图书局《新人》月刊，曾担任过上海《晨报》编辑。王靖，又名王梅魂，福建闽侯人，1920 年 8 月继张静庐编辑《新的小说》，他自己也曾编著有《英国文学史》、《模范小说集》等。沈松泉，原名涛，江苏吴县人，小张静庐六岁，1925 年与张静庐、卢芳创办上海光华书局，著有《少女与妇人》、《死妖》等。

　　张静庐入局之后，正是五四新文化运动汹涌澎湃之时，赵南公对新文化颇有兴趣。因此入局之后的 1920 年 3 月，张静庐便在泰东图书局创办了《新的小说》，半个月之后，王无为编辑的《新人》月刊创办。围绕两份杂志，泰东图书局还分别策划了"上海新潮社丛书"、"新人丛书"等。这种出版举动在当时确实是先人一步的。商务印书馆请沈雁冰改组《小说月报》为新文学刊物，策划出版"文学研究会丛书"，还要在是年年底之后。

　　泰东图书局在现代出版史上的名声，更多来源于与创造社的合作。作为与文学研究会分庭抗礼的一个文学社团，创造社成立之初的出版机构便是泰东图书局。只是与文学研究会依托的商务印书馆相比，泰东图书局实在有些弱小，这也是创造社诸君当时左支右绌的原因，其中的点滴故事，郭沫若在《创造十年》的回忆中多次提及，对赵南公也多有微词。不过就当时的赵南公来说，他确是想有一番作为的，也很想把政学系的出版烙印抹掉，将泰东图书局改造为一个新文学的出版机构。在赵南公的延揽之下，泰东图书局的编辑部之中，法学主任为李凤亭，哲学主任为李石岑，文学主任开始是王靖，后来更替为创造社的成仿吾。他们的学术和文学声名，在当时已经有些影响，只是喜欢抽大烟的赵南公，不谙现代企业的管理之术，这个编辑班子很快就散掉了。

张静庐在泰东图书局的工作是编辑，同时分管印刷。郭沫若提及他和沈松泉时，说"张在管印刷而兼做'小说家'，沈在管校对而兼做'诗人'"①。在郑伯奇的回忆里，"静庐主持出版事务，松泉担任校对"②。这些说法基本代表了张静庐在泰东图书局的两大身份：作为书商的张静庐和作为编辑的张静庐。

先说作为书商的张静庐。对于"管印刷"和"主持出版事务"，张静庐说，"因南公对我的信任，关于对营业方面的事务也叫我替他办理"。本来，赵南公当初约他入局，就是让他担任"襄理"。少年时期进入商号学徒的张静庐，也确有营业方面的能力，尤其在出版事业，并不感觉疲惫。对于这方面的工作，他说，"我有爱书的怪癖，所以将一本书从付排到装订出版，都由自己亲手照料，真有说不出的快乐。而于营业方面的'生意经络'，倒也感觉相当的兴趣。责任的驱使，下雨落雪都要到太平洋印刷公司去走一遭。日夜工作，乐此不倦"③。这种乐此不倦的工作成果中，就有郭沫若当时轰动一时的诗集《女神》。《女神》是"创造社丛书"的第一本，也是我国第一本真正的现代诗集。对这部诗集，郭沫若也非常看重，希望能设计成像当时

---

① 郭沫若：《创造十年》，云南人民出版社 2011 年版，第 179 页。

② 郑伯奇：《二十年代的一面——郭沫若先生与前期创造社》，郭沫若：《创造十年》，云南人民出版社 2011 年版，第 239 页。

③ 张静庐：《在出版界二十年》，西北大学出版社 2019 年版，第 60 页。

的日本新书一样的版式。这个工作，就由张静庐去操持。但在当时上海的印刷条件之下，无法满足。张静庐回忆说："在我的手里，替沫若印出一本《女神》，一本《茵梦湖》。当《女神》付排时，他是主张用新五号字排的。用新五号字印在洁白的毛道林纸上，真是黑白分明，十分美观。可是，上海普通印刷所里都没有这种字体，我曾经跑到虹口日本人开的芦泽印刷所去探问，开价要两元一千字排工，吓得不敢成交；还是用的普通五号字体，普通的报纸印刷。以看惯了日本书的眼光来看，它当然会引起他的不满意。"①

再说作为编辑的张静庐。在当时泰东图书局的编辑部中，张静庐最先负责《新的小说》，为此，他还组织了一个上海新潮社的文学社团。为了工作的方便，张静庐又招了两个助手入局，即沈松泉和曹靖华。沈松泉主要负责校对，也喜欢写新诗，与他合作较为愉快。曹靖华短暂加入上海新潮社之后，很快就去俄国留学了。张静庐在编辑部中的分工，除了编辑稿件之外，这一时期更多的事情是自己上阵，为泰东图书局提供稿件。《新的小说》、《新人》月刊中，张静庐的小说作品不时出现。小说创作之外，张静庐还写有《各地文化运动的调查》系列文章，同时还进行学术研究。《新的小说》第二期，刊登了张静庐的《中国小说史》(出版时名为《中国小说史大纲》) 广告。"全书得诸参考者十分之三，参附个人心得者十分之七，此项著作，作者不敢视为确当；惟中国素不注重小说，可备参考者甚稀，故多附己意。敢求文学家、美学家、历史家、思想家批评。贱躯多病；且会务又忙，

---

① 张静庐:《在出版界二十年》，西北大学出版社 2019 年版，第 60 页。

已邀梅魂君辅仆共成此全书,以了宏愿,特此附告!"①《中国小说史大纲》全书共七章,包括诸论、小说的沿革、小说的派别、小说思潮的变迁、现在的小说思潮、余论等内容。当时中国学术界对小说的研究已经成为一个新的热点,胡适在以新的学术规范考证《红楼梦》,教育部的金事周树人在北大讲中国小说史课程,但他的讲稿《中国小说史略》还要在两三年后正式出版。这种背景下,上海突然出现了一本《中国小说史大纲》,其引起的影响可想而知。销售量也确实不错,出版后很快再版。只是对于学术积累不多的张静庐来说,突然拿出这样一本学术著作,很难让人不产生疑惑。果然,出版之后不久,就遭到了质疑。1921 年 4 月 25 日,《民国日报》的《觉悟》副刊,就整版刊登了署名"月如"的《张静庐底〈中国小说史大纲第一编〉底批评》,对这本书大加挞伐。文章用词颇为严厉,"一切文艺,都须分别'形式'和内容:这略懂些文艺的人,便谁都知道的。但在中国,却有一个例外,便是:《中国小说史大纲》底著者,未曾知道有这么一回事"。到了结尾,更是近乎辱骂:"学术上作骗子,不但损了个人底人格,并且要损害许多人的呀!我为人类求一切在学术作骗子者,把好好的光阴多去念些书,多做些劳苦的工作来赎这深重的罪孽!"②对这篇酷评,张静庐在下一期的《觉悟》副刊中做了辩解性的回应。之所以提及这件事情,是因为这一时期泰东图书局的几位编辑,在当时新文艺稿源不足的情况下,都直接上阵操刀,做着现在所谓"洗稿"的工作。比如王靖曾把翻译的内容署名自己创作,张静庐私自编辑章太炎的文章

---

① 《中国小说史大纲》广告,《新的小说》第二期,1920 年 4 月 10 日。

② 月如:《张静庐底〈中国小说史大纲第一编〉底批评》,《民国日报·觉悟》,1921 年 4 月 25 日。

为《章太炎的白话文》却说是自己"在章氏沪寓索得复印"[①]等，均属此类，也反映出当时出版业的一个现象。

1921年3月，沈雁冰、汪仲贤等人创立了民众戏剧社，提出民众戏剧口号，要求戏剧为劳工们服务，同时创办了《戏剧》月刊。《戏剧》月刊的创刊号上刊登了一份"民众戏剧社社员题名录"，共有十三人：沈雁冰、柯一岑、陈大悲、徐半梅、张聿光、陆冰心、熊佛西、张静庐、欧阳予倩、郑振铎、汪仲贤、沈冰血、滕若渠。民众戏剧社是五四之后我国的第一个新戏剧团体，核心人物是汪仲贤。1920年10月，汪仲贤等人在上海新舞台演出萧伯纳的《华伦夫人之职业》，同时又以《时事新报》为据点，发表了一系列关于新戏剧的文章，提倡"爱美剧"。张静庐列名发起民众戏剧社，不见于他的回忆，他与其他人的关系似乎也并不密切。可能发生联系的原因，一方面是汪仲贤为了扩大影响，找了当时办刊的几位人士参与，主编《小说月报》的沈雁冰便是如此，而在泰东图书局主编《新的小说》的张静庐，也有可能成为他争取的对象。另一方面是当时郑振铎经常联系归国的郭沫若，希望他加入文学研究会，有时沈雁冰也一起见个面。而当时与郭沫若同住一处的张静庐，则有可能与郑振铎和沈雁冰偶有往还。作为一个出版人和新文学爱好者，热衷于社会活动的张静庐因郑振铎等的关系而成为民众戏剧社的发起成员，也有可能。只是民众戏剧社存在的时间不长，1921年10月30日《戏剧》杂志出完第一卷第六期之后停刊，民众戏剧社便无形中解散了。

《戏剧》杂志停刊之后，汪仲贤北上，在北京又组织了新中华戏

---

① 汤志钧：《章太炎年谱长编》第5卷，中华书局1979年版，第623页。转引自咸立强：《中国出版家·赵南公》，人民出版社2019年版，第61页。

剧协社。1922 年 1 月 30 日《戏剧》杂志复刊，出版第二卷第一期。第二卷的杂志与第一卷完全承接，但是编辑者从民众戏剧社更换为新中华戏剧协社。第二卷第一期的首篇文章，是蒲伯英的《今年的戏剧》，文中详细解释了新的《戏剧》杂志以及民众戏剧社与新中华戏剧协社之间的异同：

> 《戏剧》是我们交换智识，鼓吹运动底机关，要他吸收放射底方面多范围广，必先要他底关系人逐渐加增，而且地域也逐渐普遍；从这一点打算，小组织的民众戏剧社也觉得有些不充分了，所以我们又不能不另起一个比较扩大的组织——新中华戏剧协社，来做《戏剧》底主体。新中华戏剧协社，另有他底章程，旨趣，这里不要列举。简括两句话，他和民众戏剧社相同的，是结合各地的同志来担任宣传研究底事业；不同的是他底组织成分，不但要结合同志的个人，并且要结合同志的团体。换句话说，就是第一卷的《戏剧》，是一部分同志者个人宣传研究底机关；今年以后的《戏剧》，是希望做全国同志者个人和团体宣传研究底机关；《戏剧》改成了新中华戏剧协会（应为"社"——引者注）底出版物，这是我们整理这杂志底一个重要变动。①

除了编辑者和内容定位的变化，第二卷的《戏剧》在出版上也有显著的变化。第一卷的六期，印刷者、发行者和总发行所，都是中华书局。从第二卷第一期开始，印刷者是北京丞相胡同四号的明明印刷

---

① 蒲伯英：《今年的戏剧》，《戏剧》第二卷第一期，1922 年 1 月 30 日。

局，总发行所是北京丞相胡同四号的晨报社，上海总发行所是上海四马路昼锦里的泰东图书局。第二卷的《戏剧》也命不长久，1922 年 4月 30 日出了第四期之后，就又无疾而终了。

泰东图书局成为第二卷《戏剧》在上海的总发行所，是最能体现张静庐作为民众戏剧社发起人的一个例证。可惜的是，这时的张静庐虽然可能起到了一定的牵线作用，但他已经在前一年的秋天离开了泰东图书局。明面上的原因，是 1921 年秋泰东图书局经济发生困难。这个时候的张静庐已经一家四口，居住在上海白尔路一间前楼上。作为两个孩子的父亲，家庭开支很大，担任编辑的张静庐月薪 20 元，但泰东图书局的月薪不能按时发放，只能到了捉襟见肘的时候，每次两元三元地在柜台领取，对家庭生活造成的困难可想而知。鉴于这种情况，泰东图书局经理赵南公推荐张静庐进上海联合通信社任外勤记者以贴补家用，于是张静庐就离开了供职两年、让他"踏入出版界"的泰东图书局。

推荐张静庐去当外勤记者贴补家用，或者说"喜欢给员工找兼职"，是赵南公对待下属的一个常态举动。一方面是他的豪爽性格使然，另一方面也有他经营不善的原因。与张静庐一起在泰东图书局工作的沈松泉回忆起他的老板，不胜惋惜，"可惜的是，赵南公虽然从泰东一创立就任经理，又热心从事社会活动，为上海各路商界联合会的核心人物，但对于他自己主持的书店却经营得并不理想。出版没有计划，营业收入没有一定的把握，没有健全的会计制度和人事制度。"[1] 这种情况之下，他的员工虽然不能说饥一顿饱一顿，但也经常

---

① 沈松泉：《泰东图书局经理赵南公》，宋原放：《中国出版史料》现代部分第一卷上册，山东教育出版社、湖北教育出版社 2001 年版，第 333 页。

有朝不保夕之忧。于是依托自己的社会关系，热衷于给员工找兼职，就成了泰东图书局管理上的一个有趣现象。

只是对张静庐来说，赵南公推荐他去报社兼职，似乎还不只是这个原因。1921 年 1 月 1 日的日记中，赵南公记载了这个阴雨的元旦，他与王靖、张静庐等人"度此新岁"的欢快场景。但在 8 天之后，1 月 9 日的日记中，赵南公除了记载他到书店之后，与王靖和到访的李凤亭意甚相合的彻夜"围炉谈心"之外，还评判了书局的另外两位员工王无为和张静庐，"深为无为忧，因其聪明甚好而学无根柢，前途殊危险。静庐不及无为而忌人同，尤危险"①。对张静庐的看法到了这份上，张静庐在泰东图书局的日子也不会太长了。到了 2 月，因王无为要在 17 日赴日，13 日晚上书局诸人讨论了编辑所的组织问题，各科的负责人选，"文学哲学由王靖担任，另聘成仿吾兼任科学，因成君能通英法德日各国文字也。经济由凤亭担任，无为留日，做事须在半年后，静庐专任印刷，并另拨一人副之"②。在这种架构之中，张静庐被边缘化的态势甚为明显。后来，静庐的名字在他的日记中还时常出现，但更多是与厨子的争吵等琐事联系在一起。8 月，因为郭沫若的回国，赵南公打算腾挪一下书店的房屋，可是 2 日见了郭沫若之后，无奈告知他"前定办法实际上通不过。静庐任便不肯他去，王靖以豫民女孩维精与之发生婚姻关系，均愿不支薪金而房子非住不可。与彼等关系也一年余，似不好直然辞去也"③，只好为郭沫若另外找了一处房子。这时的张静庐，赵南公虽然还感觉"不好直然辞去"，但萌生

① 赵南公：《赵南公日记一》，上海交通大学出版社 2016 年影印版。
② 赵南公：《赵南公日记一》，上海交通大学出版社 2016 年影印版。
③ 赵南公：《赵南公日记三》，上海交通大学出版社 2016 年影印版。

的辞退之意却已显露无遗。

于是在一个多月之后，张静庐便被赵南公推荐到了上海联合通信社，从此开始了一段报人生涯。

三、报人生涯

上海联合通信社由李次山在 1919 年创办。李次山是安徽六安人，早年毕业于安徽法政学堂，与陈独秀友善，曾一起在安徽督军柏文蔚麾下任职，举行反袁的二次革命。革命失败后被捕，出狱后东渡日本学习法律，五四运动后曾参与营救陈独秀，后来成为上海滩知名的律师领袖。因为不满中国报业都被西方新闻势力占领，李次山决定创办国人自己的通信社。联合通信社创立之后，以向报界提供真实客观的国内外新闻为目标，通信社记者采访到的新闻会转卖给当时上海的各大报刊，以此维持生计，深受报界欢迎。民国时期的新闻记者，并没有明确的专业要求和严格的技术壁垒，没有受过专业新闻学训练的人，也能通过报社内部"传帮带"的操作形式在实践中培养人才。① 宽容的从业门槛，加上 1915 年在《公民日报》时期积累的新闻采编经验，让张静庐对外勤记者一职胜任愉快。张静庐的主要工作是采访新闻，主要负责团体活动的新闻和会议席上的记录。在这里他的收入每月有 40 元，是泰东图书局编辑工作薪酬的两倍。

担任上海联合通信社记者期间，张静庐参与创办了中国第一个

---

① 路鹏程：《传、帮、带：民国新闻记者的职业社会化和组织社会化——以〈大公报〉为例》，《传播与社会学刊》2016 年第 36 期。

新闻记者职业团体——上海新闻记者联欢会。上海新闻记者联欢会的创办，源于 1921 年 10 月 21 日在上海召开的全国商会联合会、全国教育联合会联席会议。当时上海报界都参与了该会新闻采访工作，张静庐也在此列。商教联席会议召开后，会议主办方建议上海各报馆暂时不要报道。但参与采访的《商报》没有遵守约定，第二天独家披露了联席会议的内容。《商报》的举动引起其他报纸记者的不满，记者们集体向商教联席会发函质问，却引来商教联席会议主办方的一顿辱骂。愤恨之下，各报记者决定联合拒绝登载联席会议相关宣言，导致了"新闻记者怠工的破天荒"事件，最后，商教联席会议不得不向各报致歉。经过此次风波，参与采访的新闻记者感觉受到了欺骗和侮辱，"都觉得为维持新闻记者本身的地位和威权计，必须有团体的组合"①。于是张静庐、严谔声、周孝庵等人决定发起筹备上海新闻记者联欢会，推张静庐拟具规约草案。经过分头联系，来自《申报》、《新闻报》、《时事新报》、《中华新报》、《商报》、《时报》、《四民报》、《字林西报》、《大陆报》、联合通信社、国闻通讯社等新闻机构的 21 位记者决定参与发起。

1921 年 11 月 9 日，上海新闻记者联欢会在上海成立。翁吉云、徐大纯、苏一乐、郁志杰、张静庐、张滇叔、严谔声、戈公振、周孝庵、曹谷冰、裴国雄、胡仲持、谢介子、费公侠、侯可九 15 人到会，另有潘公展、潘公弼、谢福生、陈汉明、张振远、程松声 6 人因事请假。会议商定每月举行一次聚餐会，设司月两人，负责一切事务，会

---

① 张静庐：《中国的新闻记者与新闻纸》，西北大学出版社 2018 年版，第 49 页。

员抽签决定司月人选，张静庐当选一月司月。[1]后改为每半年举行一次大会，选举评议员负责会务事宜。1923年1月7日，上海新闻记者联欢会召开第三届选举大会，张静庐任大会主席，并与严谔声、戈公振、周孝庵等当选评议员。[2]

新闻记者联欢会最初的规定仅限内外勤记者参与，限制报馆的经理及总编辑或主笔加入，后经第二次修正，只限报馆经理而不限主笔或总编辑。[3]据统计，新闻记者联欢会会员遍及上海各大报馆、通讯社、外资报馆及外地报馆驻沪办事处，最终入会者达105人。作为第一个完全以新闻记者为会员的职业团体，新闻记者联欢会的宗旨一方面是联络感情，另一方面也包括"研究学术，以增进个人之能力、团结团体，促进新闻事业本身之改良、交换意见，唤醒起一致之舆论、注意社交，与各国新闻记者携手"[4]，甚至还打算以联欢会的名义创办一所新闻学院、出版一份新闻学杂志。[5]

新闻记者联欢会积极开展同国外记者的交流，相继宴请《密勒氏报》的代理主笔、英国现代新闻事业的创始人和报界大王北岩勋爵、美国报人威廉和格拉士福立克、《密勒氏评论报》主任汤姆斯·密勒氏、《星期六晚报》主任马克森等，在新闻记者联欢会做讲演和交流。这些创办新闻学期刊、举办新闻学讲座、普及新闻学教育的举措，对于提高上海新闻记者的职业素质和专业技能起到了重要作用，也体现

---

① 《新闻记者联欢会谈话记》，《民国日报》1921年11月10日。

② 《记者联欢会第三次选举纪》，《申报》1923年1月8日。

③ 张静庐：《中国的新闻记者与新闻纸》，西北大学出版社2018年版，第49页。

④ 《记者联欢会二周纪念会纪》，《时报》1923年11月18日。

⑤ 参见《记者联欢会纪念会》，《时报》1924年11月17日；《新闻记者联欢会纪》，《时报》1924年12月29日。

出当时新闻界注重新闻学理，尝试进行新闻学科建构的努力。

张静庐参与新闻记者联欢会的活动，是在上海联合通信社任职期间。他在联合通信社的时间只有半年多，其间为了家庭的生计，张静庐又短暂担任过香港中外交易所的文书股长。1922 年 4 月前后，他又进入胡政之等创办的国闻通讯社。

国闻通讯社成立于 1921 年 8 月，胡政之任总编辑，办社经费由皖系、奉系军阀支持和资助。国闻通讯社的成立目的，胡政之说是"本积年之经验，访真确之消息，以社会服务之微忱，助海内同志之宏业"[①]。国闻通讯社设主任 1 人，主持全社事务；总编辑 1 人，主持编辑事宜；编辑、事务员若干人。其总社位于上海，并在北平、天津等地设立分社，都特约得力通信员，负责各种新闻的探访和撰稿。[②]

张静庐进入国闻通讯社，是接替严谔声的位置，担任采访政治新闻的外勤记者。对于需要社会关系的通讯社外勤记者来说，张静庐一无基础，二无人脉，遇到了不少困难。不过吉人天相，这时恰逢北洋政府内部动荡，国会南迁之论甚嚣尘上，而且在上海设立了一个通讯处。张静庐就借此机会，做起了政治新闻。1922 年 6 月，浙江督军卢永祥别出心裁，提出废督裁兵，并自制省宪法。对此事件，尚不清楚政治凶险的张静庐进行了报道，揭露其变相独立的面目。新闻报道一出，立即引起了卢永祥的不满，派兵前往上海拘捕张静庐。经托人多方周旋，张静庐才幸免被捕。这次风波给国闻通讯社带来了不少麻烦，经此一事，张静庐发现虽然自己的新闻报道立足事实，而且与国

---

① 贾树枚主编：《上海新闻志》，上海社会科学院出版社 2000 年版，第 377 页。

② 贾树枚主编：《上海新闻志》，上海社会科学院出版社 2000 年版，第 377 页。

闻通讯社"访真确之消息，以社会服务之微忱"①的宗旨相符，但风波之后社中似乎对他不很满意，怕他还会出现与通讯社关系方面有所不利的行为。而且拘捕事件发生后，他也体悟到当时的新闻机构内部有一套潜规则，如果"话说的不当心，既有生命的危险，由于所属的机关宗旨不相符合，这碗饭当然不会长久容许你捧下去的"②。于是，1922年的秋天，只干了几个月的张静庐就离开了国闻通讯社。

离开国闻通讯社之后，张静庐加入了由汪北平、胡耐庵、王东瑞、毛葆恩、张传畴等人组织的宁波七邑同学会。在1922年9月30日的同学会上，张静庐与汪北平、张传畴等决定创办宁波《七邑周报》。对于报纸的发行方式，张静庐在会上说："此种周报，以分赠同乡为宜，否则恐销路不广，效力殊少。"③后经宁波七邑同学会公决，该报决定每期赠送5000份，并由参与者平摊办报费用。

1922年10月7日，《七邑周报》第一期出版，张静庐与汪北平担任编辑，张传畴任经理。《七邑周报》以"为宁波人谋幸福，凭良心主张作公正评判，但求有益于桑梓"④为宗旨，出版至1924年6月，因报刊新闻及经济问题停刊。关于具体停刊原因，据汪北平回忆，当时《七邑周报》刊登了一则由镇海发来的新闻，内容涉及当地一家广货店，"我就在这条新闻之后，加了一只短评，大骂一场"。谁知这则新闻中镇海某广货店的经理就是该报经理张传畴的老太爷，"因为我不识老伯才有此失，不知者不罪，可是《七邑周报》经理张传畴，尽

---

① 戈公振：《中国报学史》，中国传媒大学出版社2016年版，第209页。
② 张静庐：《在出版界二十年》，西北大学出版社2019年版，第67页。
③ 《宁波七邑同学会开会纪》，《申报》1922年10月1日。
④ 《上海宁波七邑周报出版预告》，《申报》1922年9月29日。

人皆知，儿子办报骂老子，还成话说？……于是我在万分不安之下，只得和耐庵、菱夫、秋阳等商量'遵命停刊'"①。

民国时期的记者和编辑，经常同时在多家报社和书局兼职，张静庐也不例外。编辑《七邑周报》的同时，1923 年张静庐进入了上海《商报》。《商报》于 1921 年元旦创刊，最初由追随孙中山并致力于以理论宣扬革命的赵家艺出资，汤节之主持。《商报》一方面高举"商"字大旗，介绍商业知识、经济学说，一方面以纠弹军阀政客、反对帝国主义侵略之社论、述评著称。主办《中华新报》的张季鸾读了《商报》所刊评论，称其为"论坛中寂寞突起之异军"。孙中山对《商报》也有过高度评价："□□等报，虽属党员办的报纸，可是为党宣传最得力的成绩，远不及《商报》，《商报》只是几个同志在那里苦撑，可称为忠实的党报。"②1923 年初，商报馆受职员席上珍的自缢案牵连，加上汤节之当时经济破产，《商报》产权被让渡给李征五。

李征五（1875—1933），名厚禧，字征五，浙江镇海小港（今宁波市北仑区）人，清末荣禄大夫李梅塘五子。清末民国实业家，经营上海绢丝公司，筹备华商银行。辛亥革命时参加光复上海之役，曾任市政厅长，后来任宁波旅沪同乡会理事长。李征五接管《商报》之后，任报馆总经理，徐朗西任协理。因为与李征五的同乡关系，张静庐进入商报馆，担任交际书记，即代表报纸吃官司的工作，不过由于此时商报馆已经有西文书记李祖范，中文书记何璇卿，而打官司的事情也不是天天都会有，张静庐的交际工作也算是悠闲得很。

---

① 汪北平：《杂谈在上海出版的宁波报》，《上海宁波公报二周纪念特刊》，1940 年 4 月 27 日，第 35 页。

② 芝翁：《陈布雷澹泊宁静》，陈布雷：《陈布雷集》，东方出版社 2011 年版，第 295 页。

这时，《商报》的主笔是陈布雷，《电讯》编辑是潘公展，都是新闻界的一时之选。在交际书记的位置上做了一年后，张静庐进入编辑部，与朱宗良一起编辑"本埠新闻"。他们的编辑工作，大都是将各通讯社新闻稿进行编辑加工，并没有安排外出采访新闻的外勤记者。对这种闭门造车的新闻经历，张静庐回忆中颇为不屑："对于报，我虽然有很大的兴趣，但对于这毫无办法的《商报·本埠版》，整整干了四年没有一些成绩，自己明白。"①

1925 年五卅惨案发生以后，《商报》敢于直言，以积极的姿态声援群众的反帝爱国运动，受到欢迎。《商报·本埠版》也一改过去畏首畏尾的编辑方法，将具有连带关系的新闻集中排版，并通过极具煽动性的大小标题，宣传群众参与反抗。张静庐对这一阶段的工作感觉尚可，他说，"革命军开始北伐，《商报》以不受民党一钱，不为党报的资格，力表同情，摇笔呐喊期北伐的成功"②。不过这种日子并没有多久，到了 1926 年，李征五无力维持，辞任《商报》总经理，由上海前往天津寓居。《商报》股权转入傅筱庵之手，张静庐也随之离开。此后《商报》于 1927 年 12 月 31 日停刊。1928 年 9 月，前《商报》的协理洪雁宾、广告主任黄春荪两人，再次重整旗鼓，复刊《商报》，并延聘张静庐担任主编，只可惜此时人力财力均不敷应用，复刊后的《商报》仅出版半年，就又再次停刊，消失在了新闻史的长河之中。

1924 年《七邑周报》停刊后，张静庐并不甘心。与张静庐一起负责《七邑周报》的汪北平回忆说："一天夜里，陈布雷、张静庐两兄弟和我闲谈，谈及《七邑周报》事，他俩认为《七邑周报》办得很有意

---

① 张静庐：《在出版界二十年》，江苏教育出版社 2005 年版，第 74 页。
② 张静庐：《中国的新闻记者与新闻纸》，西北大学出版社 2018 年版，第 72—75 页。

义，停刊可惜，希望我再来一下，于是原班人马，除传畴外，加入张静庐、洪锡范，我任经理，静庐任主笔，改单张为册子，十六开五十面，省去七邑两字，定名宁波周报社，社址在五马路福裕里三北物产公司楼上。"①

《宁波周报》的创办，是在 1924 年 8 月 23 日，可视为《七邑周报》的延续，张静庐担任周报主笔。《宁波周报》以"联络同乡感情，企谋桑梓幸福，发挥公正言论，记述真确新闻"②为宗旨，面向旅沪的宁波同乡发行。张静庐在该报相继发表《宁波独立记》《可怜的宁波人：不堪往事重提起》《宦海秘记》《旧事重提之民团问题》《三北同乡会中兴记》《甬行小记》等 21 篇文章。1925 年发行至第 2 卷第 4 期后，因印刷纠葛及房屋问题，《宁波周报》开始不能按期出版。后来在旅沪宁波同乡的建议下该报改为小型的《宁波三日刊》，每期印 3000 份，张静庐成为该刊特约撰述。③1925 年 9 月，张静庐与沈松泉创办光华书局，无暇顾及此事，便退出该报。

在这段时间里，1925 年张静庐还加入了上海新闻学会。上海新闻学会成立于 1925 年 10 月 2 日，是由新闻专业人员发起成立的群众性组织。当时远东通讯社为普及新闻知识会定期开展"新闻学讲演会"，邀请著名报人和新闻学研究者讲课。④上海新闻学会正是脱胎于此，并秉承同样的交流目的。张静庐作为新闻界人士参与了创办。⑤该会

---

① 汪北平：《杂谈在上海出版的宁波报》，《上海宁波公报二周纪念特刊》1940 年 4 月 27 日。
② 《本报启事》，《宁波周报》1924 年第 1 卷第 1 期。
③ 《艺术界消息》，《小时报》1925 年 5 月 27 日。
④ 马光仁主编：《上海新闻史：1850—1949》，复旦大学出版社 2014 年版，第 683 页。
⑤ 《新闻学会成立会纪》，《申报》1925 年 10 月 3 日。

经常举办学习交流活动，邀请学者传授新闻学知识。

1927 年 2 月 22 日，张静庐开始参与编辑另一份报纸《烟视报》。《烟视报》是俗称的上海小报，由福尔摩斯记者胡憨珠创办，[①] 也有一说是洪雁宾。[②] 3 月 19 日，该报出版至第 10 期后，胡憨珠因为公务繁冗，无暇顾及，交由汪北平接办。5 月 28 日刊出的报纸上，标记"主编者张静庐"，但在 6 月 1 日《"主编者"的话》中，张静庐又向读者声明"主编者不是张静庐，我不过是本报团体里的一份子罢了"[③]。这种当时小报上颇为常见的云山雾罩之法，让张静庐在该报的具体职位无法确定，但他的角色介于"编辑"和"主编"之间，却是可以断定的。《烟视报》每三日出版一张，刊载的内容包括世界琐闻、三日小闻、梨讯、时谜、小说、译件等，自创刊后销路颇旺。张静庐在该报相继发表《答余十眉》、《抵南昌以后》等文。1927 年 6 月 28 日，《烟视报》停刊。报纸自己说是因"瀛洲近来因事务纷繁，对于本报辑务，殊难兼顾。自本期起，已向主事告退，特此启事"，但另外的沪上报纸则说是因刊载的某文章中有颇多破坏法当局名誉之语，受控赔偿名誉费 2 万元，"遂不得不停版矣"。[④]

《烟视报》之后，张静庐的重心暂时转移到了出版之上。到了 1933 年 7 月 6 日，为了"沟通同乡之消息，调查甬侨之生活计"，张静庐再作冯妇，与旅沪的宁波同乡洪雁宾、汪北平、任矜苹、洪雪帆、余华龙、陈霭麓、裘珠如、周曹裔、全仁夫、卢建人等 11 人，

---

① 《烟视报停版之真因》，《谈天说地》1927 年 7 月 13 日。
② 《报告》，《小日报》1927 年 2 月 26 日。
③ 静庐：《"主编者"的话》，《烟视报》1927 年 6 月 1 日。
④ 《烟视报停版之真因》，《谈天说地》1927 年 7 月 13 日。

在上海创办《宁波日报》，设筹备处于望平街九十一号。①《宁波日报》的宗旨，是"报告七邑市镇乡村之新闻，记载各省旅外同乡之状况，消息迅确，态度公正，乃一纯粹之地方报纸，本同人之奋斗精神，司乡人之公众喉舌，不逞一己之臆说，不为一家之私言，既无丝毫政治背景，亦更不受任何资本家之支配"。报社拟定洪雁宾为社长，张静庐为总编辑，汪北平任经理，洪雪帆为副社长。② 报纸于 8 月 15 日出版，好的时候，每日的销量能达到 6000 份，新闻网遍设上海、宁波、广州、汉口、杭州、四川、北平、天津等地。不过同年 12 月因为经济问题，报社改组，张静庐等退出，仅留汪北平一人继续主持《宁波日报》。

《宁波日报》之后，张静庐的新闻职业生涯基本告一段落，此后的重心，基本都围绕出版业展开。

四、《中国的新闻记者》与《中国的新闻纸》

离开《商报》之后，张静庐结合自己的新闻经历，先后著有《中国的新闻记者》、《中国的新闻纸》、《中国的新闻记者与新闻纸》等著作。他还曾打算出版《新闻学概要》、《中国的通讯社》，但未见刊行。③

---

① 《宁波日报定期出版》，《申报》1933 年 7 月 6 日。
② 《上海宁波日报出版预备聘请七邑各乡镇特约者旅外各省市经销分社》，《申报》1933 年 8 月 3 日。
③ 1928 年 10 月《中国的新闻纸》一书书目广告中显示，张静庐著《新闻学概要》、《中国的通讯社》正在印刷中，但目前未见刊印。见张静庐：《中国的新闻纸》，光华书局 1929 年版。

这些著述，被收入上海最早的群众性新闻学研究团体——上海新闻学会小丛书中。1928 年，学术刊物《新闻学刊》刊登专门介绍："商报记者张静庐氏近著《中国的新闻记者》、《中国的新闻纸》二书，销路畅旺，足徵价值。"[①] 1929 年，《新闻学刊》增聘张静庐为撰述名家，同期还有戈公振、徐宝璜、周孝庵、黄天鹏等新闻学的知名人士。同年，张静庐在该刊发表《新闻记者生活》一文。这些新闻学著作，构成了早期张静庐在文学写作之外的另一块个体创作领域。总体来看，在张静庐的新闻学研究中，代表性的成果还是《中国的新闻记者》和《中国的新闻纸》。

《中国的新闻记者》是第一本专门讲述记者理论的专著，1928 年 5 月由上海光华书局出版，初版 1500 册，同年 12 月再版 1500 册。该书的写作缘起，张静庐在自序中说得清楚："我编这本小册子的动机，是在去年的秋季，那时吴淞党务训练所开课，所长吴健英同志……要我去演讲，而又指定讲的是关于新闻记者一类的切实点的话。"[②] 为了给自己的演讲准备底稿，张静庐便开始搜集、撰写相关内容，后来演讲因故取消，该底稿也变成了出版物。

《中国的新闻记者》以新闻记者为论述对象，从新闻事业与新闻记者、新闻记者的地位、新闻记者的资格、外勤记者与访员、外勤记者的采访新闻、内勤记者的分工、新闻记者之养成与待遇、中国新闻记者的组合八个部分，介绍了新闻记者的影响、地位、资格、养成、待遇、组合等方面的内容。张静庐将新闻记者职业群体作为对象进行研究，其中关于新闻记者与新闻事业关系、新闻记者职业地位及新闻

---

① 《零闻》，《新闻学刊》1928 年增刊第三期，第 7 页。

② 张静庐：《中国的新闻记者》，光华书局 1928 年版，第 1—2 页。

记者待遇问题不仅具有开创性，对于提高新闻记者职业地位、职业认同更具有重要价值。

作为一种新媒介，报刊问世之后成为最主要的舆论平台，受到广泛关注。张静庐认为新闻纸的可贵，"不是新闻纸本身所具有的，乃是新闻记者所造成的"。"如果我们要把新闻纸的价值看高，我们就得要把新闻记者的地位也同样看高才对。"[①] 这种对新闻记者与报纸关系的论述，称得上是关于新闻记者性质的判断。当然，他也认为新闻事业对于建设国家启导社会具有重要作用，而记者作为新闻事业的核心人才，负有极重大的责任。

张静庐不仅论述了新闻记者的社会地位，还提出了当时研究者忽略的问题——新闻记者的职业地位。他将新闻记者归于一种职业本身，论述了新闻记者之所以为职业的原因，以及新闻记者作为一种职业是如何形成的，最后从职业地位上，他得出了新闻记者是一种"极低微的极辛劳的职业"的结论。这种结论来自他参与新闻实践的记者生涯，也与其参与成立上海新闻记者联欢会有关。既然新闻记者是一种职业，就必然涉及待遇问题，在新闻记者待遇方面，他说"在物质上，新闻记者也应得到较优的待遇。因为这种为公的事业，又须冒险耐苦，是应以丰厚的代价，使从事这种事业的人，生活安定……然后对于事业才有所贡献，有所发展。[②] 他从待遇与责任的维度，将记者待遇问题提高到了影响新闻事业发展的高度来论述。

《中国的新闻记者》较早把记者作为独立的研究对象进行系统研究，其中关于新闻记者与新闻事业关系、新闻记者职业地位、记者待

---

① 张静庐：《中国的新闻记者》，光华书局 1928 年版，第 5—6 页。

② 张静庐：《中国的新闻记者》，光华书局 1928 年版，第 91—92 页。

遇等问题的研究，具有一定程度的开创性，也对提高当时新闻记者职业地位，增强职业认同具有较大意义。这本书后来重版一次，1930 年与 1932 年，又以《中国的新闻记者与新闻纸》发行 1500 册。李秀云在《中国新闻学术史（1834—1949）》中，评价该书是中国第一本专门讲述记者理论的专著。① 李开军认为比较早地把新闻记者群体作为一个相对独立的对象进行观察的是黄天鹏、张静庐等人。② 黄天鹏1922 年出版了《新闻与新闻记者》一书，有人考证该书乃黄天鹏后期《天庐谈报》③ 一书的蓝本。通过查阅相关内容，该书确有关于新闻记者的内容，但局限于"新闻记者论"、"近代记者的分化与资格"、"新闻记者的职业教育"、"女新闻记者"等内容，对于《中国的新闻记者》中关于新闻记者与新闻事业关系、新闻记者职业地位及新闻记者待遇问题并未关注。在这些话题上，没有受过大学教育的张静庐的思考大都点到为止，难言深入，但说其有开创之功，是完全站得住的。

20 世纪二三十年代，是中国新闻事业走向职业化的初期，记者对新闻的职业性和他们的职业身份有着重新的认识和思考。④ 在此思潮之下，中国新闻教育启动，新闻学学术研究也显露端倪。⑤ 一些新闻记者结合从业经历，将对新闻的思考诉诸学术研究，成为一时风气。⑥

---

① 李秀云：《中国新闻学术史（1834—1949）》，新华出版社 2004 年版，第 82 页。

② 李开军：《中国记者历史专题研究》，山东文艺出版社 2009 年版。

③ 天庐主人：《天庐谈报》，光华书局 1931 年版，第 11 页。

④ 田中初：《规范协商与职业认同——以阮玲玉事件中的新闻记者为视点》，《新闻与传播研究》2010 年第 2 期。

⑤ 黄旦：《五四前后新闻思想的再认识》，《浙江大学学报（人文社会科学版）》2000 年第 4 期。

⑥ 王润泽、刘冉冉：《论民国新闻学术著作出版与学科知识体系的构建》，《现代出版》2021 年第 1 期。

张静庐的研究是这股大潮中的一朵浪花，虽然稍显稚嫩，却不失为是五四前后新闻人对新闻职业问题关注的延续，对新闻职业化思潮的回应与补充。《中国的新闻记者》将新闻记者职业群体作为对象来研究，也影响着后来的新闻学著作。1931年黄天鹏的《新闻记者的故事》《新闻记者外史》,1932年季达的《宣传学与新闻记者》,1933年聂士琦的《新闻记者》,1940年《战时新闻记者的基本训练》等，都以新闻记者作为研究对象，不能说与《中国的新闻记者》的研究范式全无关系。

张静庐新闻学研究的另一个代表，是《中国的新闻纸》。《中国的新闻纸》是一本介绍新闻纸的起源、新闻纸的发展、新闻纸与革命运动、中国报馆的组织与现状的新闻史专著，1928年10月由光华书局出版。在该书序言里，张静庐点明该书的参考书为戈公振《中国报学史》。但此书与《中国报学史》不同的地方，在于"《报学史》里所记述的只有民国以前的旧话"[①]，而该书依托张静庐的个人经历，还记录了1912年到1928年的新闻业发展。书中内容浅显易懂，不能说有很高的学术价值，但其中记录的不少中国新闻事业发展的基本史实，具有重要的参考价值。

史料意义之外，该书也涉及中国新闻史学的几个问题。新闻的起源方面，张静庐认为在新闻纸出现以前，新闻的起源官方有"邸报"、"小报"，在民间则有"唱的新闻"和"画的新闻"两种。"邸报"、"小报"不用多言，其提出的唱的新闻和画的新闻则比较新颖，在中国新闻起源上也占有重要位置。他认为"唱的新闻"是民间所发生的一桩可歌可泣的事件，这"和现在新闻纸上记载的社会新闻一般。""画的新闻"

---

① 张静庐：《中国的新闻纸》，光华书局1928年版，第2页。

也叫"卖新闻"，即将新闻用印板印刷成图画文字，并出卖给爱听新闻的人。[1]1930年黄天鹏初版《中国新闻事业》一书，也同样认为"新闻事业之起源，始于口述之新闻"[2]。在其中黄天鹏更论证了新闻与歌谣的关系，这样关于新闻起源的论断，与张静庐的观点不谋而合。

新闻纸的作用和功能方面，张静庐认为"新闻纸有制造舆论，宣传主义的能力，所以中国的革命，实与中国的新闻纸有密切的历史关系"[3]。这一部分，张静庐介绍了辛亥革命前后的新闻纸、洪宪时代的讨袁报、新文化运动与副刊、商报、革命军北伐后上海报界的小变化、北平报界的不幸等内容，他将中国近代以来出现的报刊与报刊制造舆论，为党派宣传，为革命造势的事实一一阐述，来体现新闻纸对于革命运动的重要功能。虽然在此之前，认为报刊有益于国、报刊制造舆论的观点都存在，但是张静庐在此将报刊的作用、功能与革命运动相结合，认为当时的新闻纸都存在一定的宣传主义的功能，是对前人的继承也是发展。

《中国的新闻纸》是中国新闻事业通史型的著作，李秀云在《中国新闻学术史（1834—1949）》中，将《中国的新闻纸》归于几部有代表性的新闻史专著之中，[4]对其学术性的肯定不言而喻。书中体现了张静庐对新闻事业史料的关注，这种史料意识，也成为他后来编辑《中国近现代出版史料》的伏笔。

---

[1]　张静庐：《中国的新闻纸》，光华书局1928年版，第5—9页。
[2]　黄天鹏：《中国新闻事业》，上海联合书店1930年版，第19页。
[3]　张静庐：《中国的新闻纸》，光华书局1928年版，第31页。
[4]　李秀云：《中国新闻学术史（1834—1949）》，新华出版社2004年版，第156页。

第三章

四马路上的霸才

张静庐在上海《商报》担任"本埠新闻"编辑时，他还有个梦想，打算自立门户，创办一份《西湖晚报》开启自己的新闻事业。这时，他在泰东图书局的同事和同乡沈松泉，也是一位和张静庐一样爱好文学的青年，特地辞掉了自己在新加坡三友社的工作，想与朋友共谋新闻天地，谁知这份《西湖晚报》的事业还没开始就失败了，令人丧气。但天下之事，常见无心插柳的场景。1923年在泰东图书局之时，沈松泉曾有过自己办一个小小的出版社，出版新文艺书籍的想法。现在报纸办不成了，那能否创办一家资本门槛更低的书局呢？这个时候，沈松泉的朋友卢芳刚刚脱离友邦保险公司，他们三人的住处相距不远，卢芳也是一位文艺青年，对新文艺书籍颇有偏好。这样的情况下，张静庐、沈松泉和卢芳三个年轻人，因为对新文艺书籍的热爱聚在了一起。

一、合办光华书局

1925 年 8 月 20 日，张静庐与沈松泉、卢芳等合伙创办的光华书局成立，地址设在上海四马路太和坊。在此之前，作为中国现代出版重镇的上海，其出版机构大的如商务印书馆、中华书局、世界书局、大东书局，小的如泰东图书局、广益书局，都是新旧内容兼备的出版机构。光华书局创办之后，开始出版"创造社丛书"及其他新文艺书籍[①]，是第一家专门从事新文艺书籍出版的书店。内容偏新的开明书店，还要等一年后创办。

光华书局的发端，是在 1925 年春。当时沈松泉向卢芳提出创办一家出版新文艺书籍书店的想法，卢芳听了极为赞同。但具体如何着手，他们没有规划。为了将想法变为现实，他们前往上海商报馆找到张静庐，商谈这个创办新书店的计划。作为"四马路巡阅使"，张静庐对出版事业很感兴趣。当天晚上，张静庐、沈松泉、卢芳三人就在汪北平主持的海员工报社内讨论办店计划。经过商议，三人决定办一个新出版机构，取名光华书局。"光华"二字取自《尚书大传·虞夏传》"卿云歌"中"日月光华，旦复旦兮"一句，与复旦大学、光华大学有名字同源之谊。"光华"二字，也可说是含有发扬光大中华民族优

---

① 《光华书局之创设》，《申报》1925 年 8 月 20 日。

秀文化的意义。

光华书局创立之后，张静庐担任经理，卢芳负责营业事宜，沈松泉负责出版事宜。光华书局创立时的资本只有 25 元，简直可怜。好在天无绝人之路，张静庐也与当时上海的一些印刷所有些交情，加上他曾经在纸店担任学徒，还可以向纸店赊来纸张，并在印刷所赊账印刷。每一本新书出版，按例需要做一下广告，但当时上海报纸的广告费可以月底结付。他们没有资金租赁书店门市，就征得朋友汪北平的同意，将书店店址暂时设在四马路山东路口太和坊弄堂楼上海员工报社内。当时与张静庐和沈松泉等往还甚密的郭沫若，曾在回忆中提及这段书局创办经历："上海的商家惯例是以端午、中秋、年底三关结账的。他们在端午过后把书拿去付印，因而印刷、纸张等费便可以捱到中秋，等到中秋来时，卖书所得的钱已可以周转了。故尔他们的成本，我知道，就是出了些钱来租了一阁办事室，在福州路上正对着棋盘街口的一家门面极窄小的药店的楼上。书出后，他们起初是找那药店代售的。但不久，他们竟把那药店顶过来，便成为了自己的门面。这，便是光华书局的诞生史。"①

有了这些便利，张静庐三个人各司其职，光华书局就在上海四马路太和坊办起来了。书局办起来了，书稿哪里找？负责出版的沈松泉和张静庐都是文人出身，曾在泰东图书局编辑部及出版界从事过出版活动，也都发表过一些作品，认识了一些作家。他们就努力让这些作家先提供文稿出版，暂时不支付稿费和版税。此时正在学艺大学任教的郭沫若，与张静庐、沈松泉在泰东编译所里曾经同事，接到他们的

---

① 郭沫若：《创造十年》，云南人民出版社 2011 年版，第 180 页。

约请之后，决定将其为纪念五卅惨案所作的剧作《聂嫈》及《三个叛逆的女性》、《文艺论集》交由光华书局出版。同时，郭沫若又和创作社的"小伙计"周全平商议，将《洪水》半月刊交由光华书局印刷、发行。周全平的《梦里的微笑》、倪贻德的《东海之滨》等，交由光华书局出版。这时的创造社和光华书局可说是互相扶持，抱团取暖。创造社诸君的文稿解了光华书局的燃眉之急，而对当时与泰东图书局闹翻的创造社来说，光华书局也宛如这个文学社团的及时雨。多年以后，郭沫若提起光华书局，还不无感慨，"那书店，可以说是作为创造社的托儿所的形式而存在的。这关系在后来创造社被封以后是尤其显著。"①

《洪水》半月刊是光华书局出版的第一种刊物，《洪水》创刊于1924年8月20日，由创造社的"小伙计"周全平、倪贻德、敬隐渔、严良才四个青年创办，此前由泰东图书局发行。《洪水》的创刊原因，周全平说要追溯到1924年江浙军阀战争时，"当年夏秋间，我同母亲因避战祸，从南翔逃难到上海，暂借居在泰东书局一幢两开间的书栈楼上。那时，严良才、倪贻德、孙伯才等有时到我家闲聊。时《创造周报》已停刊，沫若亦离沪，甚感寂寞。闲聊中就决定由我们几个同创造社有点关系（投稿关系）的人自告奋勇，出版《洪水》周刊。"②可惜刊物出版了第一期之后，泰东图书局就拒绝继续承印。一年之后恰值光华书局寻找书稿资源，于是半文艺半政论性质的《洪水》半月刊，交由光华书局出版。

《洪水》在光华书局的复刊日期，是1925年9月16日。《洪水》

---

① 郭沫若：《创造十年》，云南人民出版社2011年版，第180页。
② 周全平：《忆创造社出版部成立及〈洪水〉半月刊创刊》，《新文学史料》1981年第1期。

的编辑部有周全平、潘汉年和叶灵凤，为杂志撰稿的包括倪贻德、敬隐渔、洪为法、郭沫若、蒋光慈等人，也得到了众多投稿。复刊第一期出版之后，光华书局在《申报》《新闻报》等报纸上均刊登了发行《洪水》的广告，吸引读者购买。对于当时的场景，张静庐回忆说，"《洪水》，这有特殊风味的刊物，在读者们迫切需求下，在一家陌生的书店里出现了，很快被各地同业所重视，想来没有交往过，也没有先铺一层'账底'，居然有很好的成绩。"[1]到同年11月，《洪水》第一期已再版3次，第二期也销行8000份以上。[2]1926年创造社出版部成立，在1926年3月16日第二卷第三期出版后，《洪水》就从光华书局分离，由创造社独立出版了。

由于没有固定的书店门市，光华书局初创时期出版的刊物和书籍，一般会送至有门市的书店去寄售。后来，张静庐等人又在四马路上找到一家生意惨淡的光华堂药房，并租借柜台，派人前往主持业务，陈列和出售光华书局出版的图书，造出两店一体的假象。但光景不长，1926年8月22日，开明书店成立，章锡琛也在福州路寻找门市，看上了光华堂药房的地面。相对张静庐等人，在商务印书馆工作多年的章锡琛等人财力丰厚得多，经与光华堂药房主人商议，开明书店决定将药房店基收购。对光华书局来说，这是攸关生存之事，张静庐分别找到章锡琛与药店主人交涉，最终几经周折，开明选择放弃，店基由光华书局继续盘租，总算有了自己的书店门市。1925年11月中旬，光华书局由太和坊迁至四马路棋盘街中西大药房对面，开始自设门市营业。此时，由于出版的书籍越来越多，再加上门市租赁费用，光华

---

[1] 张静庐：《在出版界二十年》，江苏教育出版社2005年版，第77页。
[2] 《光华书局迁移门市营业》，《申报》1925年11月14日。

书局原有的创办资本总是不能满足书店花销。为了筹集资金，张静庐出面在上海春西菜馆邀请工商界认识的朋友吃饭，邀请他们投资光华书局，此次募捐共筹集到一二千元，保证了光华书局出版业务的顺利进行。

此后，光华书局又相继出版了郭沫若的《文论集》、郁达夫的《小说论》、潘公展的《明智的父母》、滕固的《死人之叹息》等文艺类图书，也出版了张廷灏的《不平等条约的研究》、王平陵的《中国妇女的恋爱观》、胡仲持的《世界性的风俗谈》、漆树芬的《经济侵略下之中国》等非文艺类图书。

光华书局在《洪水》之后，还出版了好几种期刊。1926 年 1 月 1 日，开始出版狮吼社主编的《新纪元》杂志。狮吼社于 1924 年 3 月由滕固与留日回国的方光焘在上海联络了部分作家成立，先后创办过《狮吼》半月刊和《屠苏》杂志。作为一份文学刊物，《新纪元》由章克标和滕固主编，刊物名则源于他们对于自我精神分裂后，完成纯粹自我超越，"努力开拓一处新领土，创造一个新纪元"[①] 的期盼。刊物内容由文学评论、诗歌、散文、小说等组成。该杂志仅仅出版两期便夭折了。与此同时，1925 年 12 月 16 日，光华书局还作为代理，总经售了新女性社出版的《新女性》杂志。

1926 年 5 月 1 日，《新艺术》半月刊创刊，该刊由艺术学会编辑，由光华书局发行。《新艺术》杂志以"介绍世界的艺术，创造中国的新艺术"为使命，执笔者包括刘海粟、俞寄凡、汪亚尘、倪贻德、滕固、刘思训等，载文内容多为艺术评论，并主要集中在美术理论方

---

① 章克标：《Sphinx 以后》，《新纪元》1926 年第一期。

面。出版至 1926 年 10 月 16 日第 12 期停刊。

1926 年 10 月 10 日，光华书局开始发行复刊的《狂飙》周刊。《狂飙》最初创刊于 1924 年 11 月 9 日，作为北京《国风日报》副刊发行，北平平民艺术团编辑，高长虹负责编务，出至 1925 年 3 月 22 日停刊。1926 年秋，高长虹在上海组织"狂飙社"，并复刊《狂飙》周刊。作为一份"建设科学艺术，在用科学批评思想"的刊物，《狂飙》以"建设新的科学，新的艺术，新的思想"[①] 为主张，主要刊载小说、诗歌、宗教故事、译著等，发表关于戏剧、哲学、心理学、艺术起源方面的论文。该刊在光华书局出版发行至 1927 年 1 月 20 日停刊。

1926 年 10 月 10 日，《狂飙》复刊的同一天，光华书局还出版发行了《火山月刊》，该刊由火山文艺社编辑，取名火山"是为了我们刊物中所说的话完全是从我们内心中涌出来，如同火山到了一定的时候便要爆裂一样"[②]。《火山月刊》是一份文艺刊物，主要撰稿人由徐葆炎、朱维基、夏莱蒂、芳信、倪贻德等组成，主要刊登文学创作，翻译国外优秀文学作品，发表诗歌和文学评论等。不过该刊仅出版 2 期。

1927 年 2 月 16 日，由叶灵凤、潘汉年编辑的《幻洲》杂志第一卷第九期也开始由光华书局出版发行。《幻洲》最初于 1926 年 10 月 1 日由创造社"小伙计"叶灵凤、周全平、潘汉年等人创办，他们私下成立幻洲社，出版《幻洲》杂志。该杂志分上下两部，上部由叶灵凤编辑，主要刊登文艺作品，下部由潘汉年编辑，刊登了众多评论文章，倡导"新流氓主义"。该杂志最初由创造社出版部出版发行，但 1926 年底，由于郭沫若参加北伐，郁达夫开始主持并整顿创造社出版

---

① 《狂飙周刊出版通告》，《火山月刊》1926 年第一卷第一期。
② 《Prologue 暴风雨中一声微茫的银铃》，《火山月刊》1926 年第一卷第一期。

部。作为创造社的"小伙计"和创造社出版部的员工，叶灵凤等人所出《幻洲》的费用均由创造社出版部负担，而利润却被幻洲社收受。这样的创造社出版部账目，引起了郁达夫的不满，郁达夫遂将由创造社出版部出版发行的《幻洲》杂志停刊。而基于这样的原因，幻洲社的"小伙计"们便将该杂志转至光华书局出版发行。据叶灵凤之后回忆，《幻洲》"不仅风行一时，而且引起了当时青年极大的同情"[1]。1928年1月，《幻洲》出到第二卷第八期，被国民党当局以"宣传反动"为名查禁、停刊。《幻洲》停刊不过数月，1928年5月1日光华书局又出版了由叶灵凤创办的《戈壁》半月刊。作为《幻洲》的延续，该刊主要发表有创作、诗歌、杂文、图画、批评、介绍、翻译、讨论等内容，不过仅出版至6月16日就被迫停刊了。

1929年3月，在张静庐的报界身份及谋划下，由黄天鹏主编，上海报学社主办的《报学月刊》在上海出版。该刊可以追溯至1927年出版的中国第一本新闻学刊物《新闻学刊》。1928年8月《新闻学刊》由北京转移到上海出版，作为光华书局的创办者、经营者，同时也是上海新闻学健将的张静庐参与了该期刊的谋划、出版工作。1929年《新闻学刊》增加报业经营管理、广告、印刷等内容，正式改组为《报学月刊》出版。《申报》言："主者黄天鹏氏新自日归，特与上海新闻学会健将张静庐氏合力经营，改组月刊……由光华书局按期刊行。"[2]同样，黄天鹏在《报学月刊》出版第一期的编辑后记中，就曾直接点名张静庐作为出版者的贡献，他言道："去年由京移沪出版，出版方面承张静庐先生的擘画，由光华书局发行，销路的激增，与读者热烈的

---

[1] 叶灵凤，陈子善编：《文艺随笔》，文汇出版社1998年版，第98页。

[2] 《新闻学刊改组月刊》，《申报》1929年2月5日。

同情，我们着实感到无量的兴奋，所以决定扩充改组，以飨各界的要求。"[1] 黄天鹏用"擘画"一词形容张静庐在其中的作用，突出了张静庐作为出版人的谋划经营之功。该刊以新闻学理论研究、国内外新闻事业的历史与现状的报道分析为主要内容，对当时新闻学发展提供了众多助益。不过该杂志至同年 6 月仅出版 4 期就停刊。

同年 5 月 5 日，由复旦剧社、辛酉剧社成员马彦祥主编的《现代戏剧》创刊，该刊刊登戏剧理论探讨、国外精品戏剧剧本翻译、国内优秀创作剧本等内容，主要撰稿人有陈大悲、阎折梧、朱穰丞、袁牧之、朱端钧、洪深等，是一份完全的戏剧刊物。但该刊也在出版后不久即停刊。

在张静庐的主持下，光华书局不断扩大业务。1927 年 1 月，张静庐与沈松泉商议前往南昌创办分店。去南昌的起因，沈松泉说是"我们得知郭沫若先生已经担任国民革命军总政治部副主任，并随军到了南昌"。[2] 有了这层考虑，张沈二人于 1927 年 1 月搭乘一艘日本日清公司的长江轮"凤阳丸"自上海前往九江，5 天后才到，后改乘南浔路火车到达南昌，住在江西大旅馆。在南昌，他们见到了合作多年的郭沫若，当年的"女神诗人"这时已经投笔从戎，沈松泉说"我记得那天郭先生身穿军装，三角皮带，高筒马靴，十分威武"。张静庐与沈松泉向郭沫若说了一些上海出版界的情况，郭沫若向他们介绍了革命的形势。他们在南昌待了多天，发现南昌还没有一家出售新书的书店，决定设立光华书店分店。他们把这个计划向郭沫若进行了交流，

---

① 天庐：《编辑后记》，《报学月刊》1929 第一卷第一期。

② 沈松泉：《关于光华书局的回忆》，宋原放：《中国出版史料》现代部分第一卷上册，山东教育出版社、湖北教育出版社 2001 年版，第 347 页。

郭沫若也认为南昌应当有一家新书店，于是设立南昌分店的计划正式定案。

有了创设分店的准备后，张静庐一边托一位新闻界朋友杨不平帮忙寻找门市店面，一边写信给卢芳邮寄光华及其他书局的图书，光华书局的第一家分店就这样成立了。后来到了 1928 年 7 月间，张静庐又动议将光华书局的发行网延伸至北方，于是张静庐与沈松泉便搭海轮北上，前往北平。他们在张静庐同乡郑延芳的帮助下，在王府井大街近南口处租了一间店面，开设了光华书局北平分店。此外，光华书局在杭州、武昌等地也设立了分店。

张静庐在光华书局时期的经历，还需要提及的一件事，便是 1928 年与沈松泉等人发起成立的新书业同业公会。

20 世纪 20 年代，尤其是新文化运动之后，中国新书业随之兴起，"中国整个社会发生了空前的巨变，尤其是思想界，新思潮的来临恰如排山倒海一般，专门印行新文化书籍的书店，便应运而生了"①。张静庐更称 1925 至 1927 年为"新书业的黄金时代"。群益书社、泰东图书局、光华书局、现代书局、良友图书公司等一大批中小型书店成为了出版业发展的新力量。虽然新书业的力量发展壮大，但上海书业的话语权却仍掌握在那些历史悠久的老书店手中。为了扩大新书业的话语权，张静庐与沈松泉相商要打破现状。于是他们分头联系、商讨、酝酿，得到了众多新书店的同意和参与。1928 年 11 月 28 日，在张静庐与沈松泉的召集下，上海新书业同业公会第一次筹备会在光华书局门市部楼上的同兴楼召开，泰东图书局赵南公、北新书局李志

---

①　金溟若：《非常时期之出版事业》，中华书局 1937 年版，第 64 页。

云、光华书局张静庐、太平洋书店李秉文、现代书局洪雪帆、开明书店章锡琛、真善美书店曾虚白、卿云书局陆友白、亚东图书馆汪孟邹（赵南公代）等参与筹备会，会议由赵南公任主席，由张静庐提出会章草案，张静庐、李志云、陆友白等人被选为筹备员。[①] 之后又加入了创造社出版部彭子劫、新月书店谢汝水、良友图书公司伍联德、群众图书公司方东亮、新宇宙书局陈泽民、乐群书店周毓英、第一线书店戴望舒。据沈松泉的回忆，第一次筹备会让他们出乎意料的事，是商务印书馆的王云五也到会参加座谈，畅谈新书业的发展现状和远景规划。

1928年12月5日，新书业同业公会开会成立，到会者有新书业同业20余人，推选章锡琛任主席，张静庐等九人为常务委员，其宗旨为"辅导出版事业之发展，谋新出版业者之共同利益"[②]。成立仪式以后，上海新书业同业公会呈请上海市社会局批准备案，没想到社会局以"同一行业不能有两个同业公会组织，新书业应加入原来的书业同业公会，没有另行组织公会的必要"为由，拒绝批准。此后上海新书业同业工会存续至1929年9月，但一直没有获得政府的正式批文，"新书业同业公会还没有诞生，就在怀胎中死亡了"[③]。

新书业公会的筹划之后不久，张静庐逐步退出了光华书局。退出的具体原因，目前还未见明确资料，但据张静庐个人回忆，说是在1928年至1929年8月上海联合书店成立时，沈松泉正与其"瓜分"

---

① 《新书业公会之筹备》，《申报》1928年11月28日。
② 《新书业公会昨开会成立》，《申报》1928年12月6日。
③ 沈松泉：《关于光华书局的回忆》，宋原放：《中国出版史料》现代部分第一卷上册，山东教育出版社、湖北教育出版社2001年版，第351页。

光华书局。沈松泉也回忆说，张静庐于 1929 年夏退出光华书局。由此可见，1929 年夏天之后，张静庐已经开始逐步卸掉光华书局合伙人的身份。这种状态延续了近两年，1931 年 4 月 10 日，《申报》刊登了"张静庐脱离上海光华书局启事"：

> 鄙人前与沈君松泉合办上海光华书局，业经数载。兹因鄙人另立上海联合书店，职务忙碌，势难兼顾。自民国二十年四月一日起，将上海光华书局完全让归沈君松泉独办所有。以前由鄙人具名发出之上海光华书局股款、临时收据及一切文字契约，均由鄙人分别自行处理，与上海光华书局及沈君无涉。特此登报声明。

声明之后，张静庐彻底离开了自己参与创办的第一个书局。据不完全统计，自 1925 年到 1930 年，光华书局共出版文艺、社会科学类图书达 254 种。

二、两入现代书局

在与沈松泉合办光华书局期间，1927 年时张静庐接到国民政府财政部的委任状，要其担任上宝化妆品特税专局局长。考虑到自己对税收等知识的了解有限，张静庐担心上任后无从下手，颇为此事发愁。此时自宜昌内地税局卸任科长的同乡洪雪帆前来探望，两人便聊起了委任状之事。洪雪帆是商店学徒出身，了解公务员队伍的种种不堪与无聊。加上卸任归来的他"正愁着装满了大皮箱的钞票没有用处"，于是在简短的谈话之后，张静庐决定不去做税局的张局长了，而是与洪雪帆一起，又拉上沈松泉，决定另办一家新书店，定名为现代书局。现代书局的资本是 5000 元，其中洪雪帆出资 1000 元，张静庐和沈松泉各出 800 元，其余则向其他朋友募捐而来。

1927 年 7 月 16 日，张静庐与洪雪帆在上海会宾楼举行了一个内部会议，宣告现代书局设立。半个月之后的 8 月 1 日，现代书局正式挂牌营业。洪雪帆任总经理，张静庐任经理，沈松泉任出版主任。暂设办事处于四马路 95 号商报馆二楼。从职务分工可以看出，现代书局初创之时，现代书局内部按照入股多寡来分配职务权力。

张静庐在现代书局的经历分为两段，第一段只有半年多的时间，从书局创办到 1928 年初。现代书局创办之后，在张静庐的策划下，书局相继出版了《性教育学大意》、《北伐从军杂记》、《合作主义与劳动问题》、《消费合作概论》等图书。不久，现代书局又邀请叶灵凤加入，参与出版物策划。张静庐与叶灵凤二人相识于泰东图书局，当时张静庐在主编《新的小说》，叶灵凤那时是创造社的一个小伙计，此后光华书局也曾出版多份由叶灵凤主编的杂志。有了这层同事关系和出版关系，张静庐便向洪雪帆举荐了叶灵凤担任现代书局的编辑。进入现代书局后，叶灵凤开始策划出版《现代小说》杂志，叶灵凤、潘汉年担任主编，1928 年 1 月开始出版。与此同时，因为张静庐的缘故，洪雪帆也结识了光华书局的合伙人卢芳。1928 年 1 月，卢芳也进入现代书局办公。施蛰存说，现代书局曾经由卢芳独资开设，经营不善，很快就维持不下去了，就拉张静庐进入。但二人的资本也不够，又拉了洪雪帆，借助虞洽卿的资助，现代书局得以重新开张。^①至于现代书局的架构，也是三驾马车，不过卢芳是代替了张静庐所说的沈松泉。施蛰存的这个说法与张静庐的回忆有所出入，但有一点是相同的，就是卢芳主要负责现代书局的收稿排印以及发行业务，这时创刊的《现代小说》便是经卢芳之手排印。^②

这种因人入局滚雪球式的熟人关系，并不符合现代企业的管理模式，也很快造成了创办人之间的矛盾。洪雪帆是一位从政从商之人，他创办书局的目的更多的是赚钱，而此时的张静庐参与创办现代书局的打算，则是在光华书局的文艺路线之外，将现代书局打造为一家社会科学书店。张静庐说他存着一份出版人的理想，希望在获取利润的同时推动文化发展。这种不同的理念，为张静庐与洪雪帆之间的迅速分手埋下了伏笔。

很快，矛盾导致的分裂就出现了。1927年12月22日，现代书局迁至四马路93号，不到一个月，张静庐就辞去了经理之职。^③张静庐过后回忆说，"经验告诉我，合作的事业，总是不容易维持久长的。集合开始愈便利，离散时间愈短促。这是过不惯集团生活，不肯牺牲小我，缺乏自我批判精神的结果。不能相互地了解，就不免发生摩擦。摩擦会丧失理智。"^④张静庐没有说明发生了什么让他丧失理智的摩擦，或许只是一时冲动，在现代书局创办半年之后，他便离开又筹备了一家上海联合书店。

---

① 施蛰存：《北山散文集》，华东师范大学出版社2001年版，第322页。

② 卢芳：《我所知道的上海现代书局》，俞子林：《百年书业》，上海书店出版社2008年版，第62—68页。

③ 《来函》，《申报》1928年1月31日。

④ 张静庐：《在出版界二十年》，江苏教育出版社2005年版，第93页。

张静庐在外晃悠了大概两年的时间，这期间的上海联合书店，出书不多，被查禁的不少。导致张静庐投入的"五千元资本已变做一半是包花生米的有字纸，一半是喂老虫的食粮"[1]，家庭生活都出现了危机。无奈之下，1931年初，他应湖北省政府主席何雪竹之邀，到武昌主持《湖北中山日报》。1931年夏季，长江中下游各省暴雨倾盆，绵延20余天，一度威胁到上海。在大水灾到来之前，张静庐结束了自己半年的日报主编工作，又回到了上海。

这期间的现代书局，也遭遇着与上海联合书店类似的命运。现代书局成立之后，以"发行党义、文艺、国学、哲学、政治、经济、两性问题等新书"为主。因为张静庐和创造社的关系，现代书局出版了不少创造社同人的文学作品，郭沫若的《反正前后》、《创造十年》、《沫若诗集》、《中国古代社会研究》，田汉编著的《卡门》、《田汉戏曲集》，郁达夫著的《屐痕处处》、《饶了她》，华汉（即阳翰笙）编的《社会科学概论》、《社会运动史》等，都是现代书局的出版物，有些还是当时的畅销之作。在此之外，当时太阳社以及其他左翼作家的作品，如蒋光慈的《丽莎的哀怨》、《光慈遗集》，洪深译著的《西线无战事》、《洪深戏曲集》，洪灵菲的《流亡》、《归家》，张天翼的《从空虚到充实》、《大林和小林》，也都在现代书局的名下出版。现代书局还创办了不少左翼刊物，蒋光慈主编的《太阳月刊》、《海燕周刊》、《新流》月刊，钱杏邨主编的《拓荒者》，郁达夫主编的《大众文艺》，田汉主编的《南国月刊》等。这些刊物的主编，不少人都是"左联"的成员，其中钱杏邨（即阿英）主编的《拓荒者》，更一度成为左翼作家联盟的机关

---

[1] 张静庐：《在出版界二十年》，西北大学出版社2019年版，第89页。

刊物。1928 年 9 月 20 日由现代书局印刷发行的《大众文艺》,一共出版两卷,凡十二期。第一卷的六期由郁达夫主编,历时有半年时间,内容还相对偏重于文艺。但七个月之后继续出版的第二卷六期,则由共产党员陶晶孙主编,内容一举变红,高举革命文学旗帜。

上述作品和期刊的问世,正值现代文学上"文学革命"向"革命文学"转变的时期,一时之间,上海文坛上声浪最大的,就是创造社和太阳社的伙计们砰砰直响的革命文学。在南京国民政府已经形式上统一全国的情况下,革命文学自然不被允许,《拓荒者》和《大众文艺》都遭到了被查封的命运。作为出版方,现代书局也连带着被贴上了封条。为了继续营业,1930 年 10 月,现代书局出版了由朱应鹏主编的《前锋月刊》。朱应鹏是南京国民政府的官员,《前锋月刊》创刊号发布的《民族主义文艺运动宣言》,宣称文艺的最高意义就是民族主义,极力地否定文学的阶级性,反对无产阶级革命文艺运动。这份刊物倒是符合当时政府的需求,但在青年中间应者寥寥。

因此当张静庐刚回上海,已经陷入困境的洪雪帆就到他暂住的中国饭店登门拜访,劈头就说,"你是现代书局的父亲,我是它的母亲,卢芳是它的奶妈","现代书局到了今天这样危急存亡的关头,你不能说一点没有罪过!"对张静庐晓之以理后,洪雪帆接着动之以情,"我们是朋友,又是同乡,你我一生的境遇大致是相同的,我的事业就是你的事业。"[①] 洪雪帆的哀婉陈辞,打动了当时也基本无处可去的张静庐。经过五天的深谈,张静庐决定重归现代书局。只是这一次他提出了三个条件:内部的业务,完全由我主持,使我可以放手去做。公司

---

① 张静庐:《在出版界二十年》,西北大学出版社 2019 年版,第 93 页。

的事业不能视为私人产业，扩大股份，成立正式有限公司。用人以人才为主，职员的进退，须经过二人事前的同意。对此，洪雪帆一口答应。于是"在停顿中的上海联合书店，全部客账、存书、纸型、版权、生财等等一切，以一万元的代价归并给现代书局，以五千元作为股份，以五千元料理联合名下的未了债务"①。

重归现代书局之后，摆在张静庐面前的是个烂摊子。张静庐后来回忆当时的场景，"踏进现代（书局），各部分的现状，距离我的想象差得太远了。就连普通商店里的一切起码条件都不具备，每天读到几十封读者寄来的责骂的信，各式各样离奇的话都有听到。货栈里堆着满房子不能销去而封面还是崭新的过期杂志和新书。一切都无从下手，经济的窘迫又使你无从提出什么大小革新的计划。"② 这种场面，不无张静庐的夸大之词，但现代书局的困境也毋庸讳言。这种情况之下，张静庐开始展示出一个出版家的魄力和能力。

张静庐的改革措施，是首先从吸收资金以利公司尽快运转入手。为了坚定外人的信心，1931 年 8 月 16 日，现代书局包下《申报》整个头版做宣传，刊登了《现代书局扩大招股通告》，还有《上海现代书局五周年纪念大廉价一月》公告，同时将现代书局之图书、杂志均公布于报端，吸引读者购买。在招股通告中，现代书局拟集股十万元作为振兴的资本，其中列出了创办人为洪雪帆、张静庐，发起人包括徐朗西、虞和德、王晓籁、王延松、潘公展、范争波、戴耕莘、邬志豪、洪雁宾、盛丕华、虞澹涵、方椒伯、严谔声、竺梅先、乌崖琴、董和甫、俞国珍、郑筱舟、应季审、徐永祚、陆守伦共 21 人。对于

---

① 张静庐：《在出版界二十年》，西北大学出版社 2019 年版，第 93 页。
② 张静庐：《在出版界二十年》，西北大学出版社 2019 年版，第 93 页。

现代书局的图书，本版书和外版书一律采取实际价格的八折给予读者优惠，购买丛书全辑者则可以在八折外再次享受九折优惠，外埠同业批发图书则按照六五折优待。同时对那些封面少有污损，内容完善的二百余种存书及旧刊物，以及合并上海联合书店、大光书店的新书百余种，共计 7000 余册书刊，均在门市采取低至二折到五折的优惠进行销售。这些图书包括"文艺理论讲座"、"作家研究丛书"、"现代长篇创作"、"现代中篇创作"、"现代短篇创作集"、"现代新闻学丛书"、"政治经济丛书"、"现代世界文艺丛书"、"现世界短篇杰作选"、"现代英汉对照丛书"、"现代儿童丛书"、"现代诗歌选集"、"现代爱情歌曲"、"小品散文选集"、"蓝皮小丛书"、"现代戏剧丛书"、"世界戏剧译丛"、"社会科学丛书"、"史学丛书"、"现代教育丛书"、"现代法学丛书"、"美术图画"等 22 种丛书，《现代文艺》《现代文学评论》《前锋月刊》3 种杂志。[①]

同时，在原有基础上，张静庐主导现代书局创设了三大读书会，进行阅读推广活动。他的上海联合书店原来有个儿童读书会，联合书店归并现代书局后，原来的儿童读书会也扩充为现代儿童读书会，在原来儿童读书会基础上扩大优惠，将享受赠书 35 种、八大奖赏等优待，同时从低年龄段的儿童，扩展到号召三、四、五、六年级小学生加入。同时扩充的还有现代书局原有的现代读书会，现代读书会以"减轻读者负担，力谋读者书界与出版合作"为原则，扩充机构，设立通信借书处、会员俱乐部、通信指导部扩大服务，同时增加优待，吸引会员加入。此外，现代书局还创办了由虞岫云等主持的妇女读书

---

① 《上海现代书局五周纪念》，《申报》1931 年 8 月 16 日。

会，该会"以减轻妇女读书负担，解决妇女读书的一切困难"为宗旨，开展读书活动，加入会员将赠送《现代妇女与文学》、《现代妇女的生活》、《现代妇女与职业》、《现代妇女与恋爱》、《现代女性美研究》等，吸引读者参与，服务读者。[①]

为了获取资金，1931年底，张静庐还受徐朗西之约到了汉口，去争取徐朗西等人的一点资助。在汉口期间，上海发生了一·二八事变。等到张静庐回到上海，已经是事变之后半个多月了。

事变对上海的出版业造成了很大影响，商务印书馆的总厂和东方图书馆被炸毁，包括众多古籍善本在内的30多万册馆藏图书被付之一炬，造成现代出版史上的文化浩劫，作为现代出版业龙头的商务印书馆无奈停业。四马路几乎所有的书局门市也都关门大吉。这种情况下，张静庐让现代书局率先开门，效果出奇的好，一天营业额达到了三百五六十元，"打破现代（书局）门市收入的记录"[②]。更为关键的是，商务印书馆按下的暂停键，让其他书局得以分享其控制的图书市场，尤其是它占据的五六成教科书市场。对于现代书局来说，空出的教科书市场虽大，却无力分一杯羹，但也不能说没有机会，那就是自1921年改组之后一直执新文学之牛耳的《小说月报》，也在这次浩劫之后停刊了。这个时候，上海并没有一个大型的文艺刊物。面对这个出版市场空档，现代书局有没有可能补上？张静庐说，"这是我们应该做的工作，在业务上着想，也应该立刻出版一种纯文艺刊物"[③]。

这一种"纯文艺刊物"，就是《现代》。

[①] 《现代书局大廉价——三大读书会》，《申报》1931年9月13日。

[②] 张静庐：《在出版界二十年》，西北大学出版社2019年版，第94页。

[③] 张静庐：《在出版界二十年》，西北大学出版社2019年版，第94页。

现在来看，现代书局在出版史上的意义，更多的便是与《现代》月刊紧密相连。作为 20 世纪 30 年代前期唯一的大型新文学月刊，《现代》创刊于 1932 年 5 月 1 日，施蛰存主编。创刊号上发表了施蛰存的《创刊宣言》：

> 本志是文学杂志，凡文学的领域，即本志的领域。
>
> 本志是普通的文学杂志，由上海现代书局请人负责编辑，故不是狭义的同人杂志。
>
> 因为不是同人杂志，故本志并不预备造成任何一种文学上的思潮，主义，或党派。
>
> 因为不是同人杂志，故本志希望能得到中国全体作家的协助，给全体的文学嗜好者一个适合的贡献。
>
> 因为不是同人杂志，故本志所刊载的文章，只依照着编者个人的主观为标准。至于这个标准，当然是属于文学作品的本身价值方面的。

施蛰存"不是同人杂志"的宣言，现在来看似乎无甚特殊之处，在当时却有独树一帜的气象。正如施蛰存后来的回忆，"'五四'运动以后，所有新文化阵营中的刊物，差不多都是同人杂志。以几个人为中心，号召一些志同道合的合作者，组织一个学会，或社，办一个杂志。每一个杂志所表现的政治倾向，文艺观点，大概都是一致的。当这一群人的思想观点发生了分歧之后，这个杂志就办不下去"。① 施蛰

---

① 施蛰存：《往事随想》，四川人民出版社 2001 年版，第 66 页。

存所言的办刊模式，是自《新青年》以降新文学刊物的共同特点，因此也形成了"语丝派"、"论语派"、"新月派"、"现代评论派"等等文学派别。这种背景之下，突然出现一份强调"不是同人杂志"，自然有着别样的引人注目之效。

施蛰存打出"不是同人杂志"的旗号，也与《现代》的办刊资金来源有关。对施蛰存来说，《现代》的真正老板是现代书局。经过前期屡屡被查禁的出版经历，施蛰存回忆说，洪雪帆和张静庐"这两位老板，惊心于前事，想办一个不冒政治风险的文艺刊物，于是就看中了我。因为我不是左翼作家，和国民党也没有关系，而且我有过办文艺刊物的经验"①。

秉持中性立场的《现代》月刊，很快成为当时唯一的大型文艺杂志。对当时的文学刊物市场来说，属于"独家生意"，所以发行量很不错。创刊号初版印了 3000 册，五天卖完，立即再版了 2000 册。第二期出版的时候，直接印了 5000 册，第一期再次加印了 1000 册。对于一个小型书局来说，这种开局宛如梦幻。办过刊物的施蛰存也很有办刊经验，在张静庐的支持下，他熟练地运用着"特大号"和"专号"的办刊手段。"30 年代的定期刊物，在创刊和每卷开始的时候，通常都增加篇幅，称为'特大号'"。"特大号"有两个好处，一是吸引预定用户，因为加量不加价。二是刺激销路，因为内容充实丰富。这种模式之下，到了第二卷的时候，《现代》每个月的销量超过了一万份，张静庐说"销数竟达一万四五千份，现代书局的声誉连带着也提高了"。为此，编到第四卷一期的时候，施蛰存还搞了个"狂大号"，只

---

① 施蛰存：《往事随想》，四川人民出版社 2001 年版，第 65 页。

是那时候生活书店的《文学》已经异军突起，"狂大号"只销了七千多册。

对于《现代》，张静庐的作用有二。一是在一·二八事变之后很快参与做出了出版文学刊物的决定，二是他写信给松江的施蛰存，邀请他来担任主编。在前两卷的时候，施蛰存获得了充分授权，《现代》几乎就是当时的文坛中心，鲁迅、周作人、茅盾、郭沫若、郁达夫、瞿秋白、老舍、巴金、沈从文、戴望舒、穆时英、叶灵凤等各派作家诗人等，都在《现代》上露过面。其中发表在第二卷第六期首篇位置的鲁迅先生著名的《为了忘却的纪念》，是张静庐少有参与编务的篇什。鲁迅给《现代》的文章，通常是由冯雪峰转来，或者托内山书店的伙计送来。但这篇文章却是一个陌生人送给现代书店的门市部，然后转给了在楼上编辑室办公的施蛰存。这篇文章里，鲁迅说出了柔石、胡也频、殷夫等五位青年牺牲的地点和时间，是此前报纸上都没有公开过的。看过这篇文章之后，施蛰存有点踌躇，"要不要用？能不能用？自己委决不下。给书局老板张静庐看了，他也沉吟不决。考虑了两三天，才决定发表"[1]。原因一是舍不得鲁迅的杰作，二是研判之后认为没有很出格的内容。施蛰存与张静庐这次犹豫不决之后的决定，成就了一篇现代文学名作，也成就了《现代》杂志和现代书局。

只是这种授权的时间并不长。施蛰存说"我和现代书局的关系，是佣雇关系。他们要办一个文艺刊物，动机完全是起于商业观点"。[2]《现代》第二卷编完，从第三卷开始，"第三种人"杜衡加入了编辑部。杜衡加入的原因，是有传言说当时上海一家书局打算邀请郑振铎和茅盾主编一份大型文艺月刊，茅盾打算约请杜衡负责日常编务，张静庐

---

① 施蛰存：《北山散文集》，华东师范大学出版社 2001 年版，第 242 页。
② 施蛰存：《北山散文集》，华东师范大学出版社 2001 年版，第 247 页。

担心会成为《现代》的竞争对手，于是就邀请杜衡加入现代书局。杜衡入局之后，洪雪帆和张静庐又不愿再办一份刊物，于是就找到施蛰存商量，让杜衡加入《现代》的编辑部。对张静庐的这种做法，施蛰存五十年后还颇有怨言，"这些情况，我当时实在不能理解。张静庐把杜衡去另编刊物看做是他营业上的一大威胁，我把杜衡参加《现代》编务看做是《现代》的一大不利。这样，我们劳资之间相持了半个月，最后是资方胜利，《现代》从第三卷第一期起由我和杜衡共同署名主编"①。

杜衡加入《现代》编辑部之后，后续并没有沿着张静庐预想的路径发展。因为杜衡"第三种人"的身份，很多左翼文坛名家不再向《现代》投稿。张静庐拉走了杜衡，也完全没有阻挡《文学》、《文季月刊》等大型文学刊物的问世，而且让施蛰存感到心灰意懒。几种因素交集，《现代》每况愈下，连带着现代书局也开始下滑。到了1934年上海"杂志年"兴起的时候，一度红火的《现代》和现代书局都陷入了困境，"书刊销路不好，营业额下降；放账过多，收不回来，现金短缺"②。这个时候，张静庐提出了离开。

离开的原因，张静庐说是改革导致的纠纷。张静庐进了现代书局之后，一番努力，营业额增长不少。《现代》杂志之外，1932年6月1日，现代书局还出版了《现代出版界》杂志，专门刊登出版界消息、文坛情况、书报批评及现代书局新书预告等内容。该刊由现代书局编辑部编辑，刊载的大量出版界和文艺界消息，对于当时的出版界和文艺界具有一定价值。之后，现代书局在业务上也进行了扩大，建立了

① 施蛰存：《北山散文集》，华东师范大学出版社2001年版，第277页。
② 施蛰存：《北山散文集》，华东师范大学出版社2001年版，第277页。

自己的印刷厂，并将四马路上的发行所扩大为四间两幢。1933 年 6 月，现代书局又创设了杂志刊物承办部，该部担有承印、发行、设计、推广、代订之功能，可以帮助公司团体创办的杂志办理排印、发行、读者订阅、推广到外埠、收取费用等业务。现代书局的印刷所可以代人设计承印杂志刊物，现代书局在全国的发行所也可以代为发行推广，并进行收账工作，现代书局的杂志代订部则可以代理读者订阅的手续，"创办者可以全力充实刊物的内容，而无后顾之忧"①。到 1933 年 11 月，现代书局已经在南京、北平、汉口、广州、厦门、杭州、汕头、贵阳、郑州、开封、洛阳、云南、成都、九江、福州、重庆开设了分店，建立了在各省市直接或间接的发行网络。

图书出版方面，至 1933 年，在张静庐的主持下，现代书局相继出版了《郁达夫评传》、《茅盾评传》、《划时代的转变》、《大学私生活》、《果树园》等文艺书籍，《日本帝国主义侵略中国史》、《政治经济大纲》等学校用书。施蛰存主编了《现代创作丛刊》，包括张天翼的《蜜蜂》、杜衡的《怀乡》、丁玲的《夜会》、黑炎的《战线》、穆时英的《公墓》、老舍的《猫城记》、戴望舒的《望舒草》、巴金的《萌芽》、靳以的《圣型》、魏金枝的《白旗手》、黎锦明的《失去的风情》、沈从文的《月下小景》、彭家煌的《喜讯》、洪深的《五奎桥》、叶灵凤的《紫丁香》。现代书局还出版有"现代日本作家选集"、"现代新闻学丛书"、"现代少年文库"等丛书，以及《西洋文学概论》、《西洋画概论》、《文艺自由辩论集》、《文学概论》、《艺术科学论》等文艺论著。此外，还有《俄国现代思潮及文学》、《田汉戏剧集》，张资平的《资平小说集》第一

---

① 《现代书局经售全国定期刊物》，《申报》1933 年 6 月 1 日。

至三集、《北极圈里的王国》，郭沫若的著译《沫若诗集》、《创造十年》、《黑猫》、《少年维特之烦恼》、《银匣》、《水平线下》等。就这些成绩来说，确实不是容易达到的，1933 年也成为现代书局的巅峰之年。

张静庐的另一个成果，是改组了现代书局。以前的现代书局虽号称是有限公司，但实际是合资式的商号组织，一切权力，集中于总经理一身。张静庐去了之后，以用人唯贤和各部自动为原则，进行了各种改革。这种改革之下，加上《现代》杂志的声誉，到了"民国廿一二三年（1932—1934）间，可以说现代书局已是全中国唯一的文艺书店了"。但是改革之下，"为调换编辑主任，为停止刊行两大刊物，我代人受过了。结果是：各方面对我不满，由不满而误会，由误会而攻击了"[1]。1933 年 11 月，张静庐赴四川出差，11 月 27 日到达重庆，他向公司发了一封电报，报告行旅平安。两天以后，现代书局在上海召开了一次临时董事会议，一项重要的议案，就是"本公司经理张静庐辞职赴川，请予照准"，结果是准予辞职。功臣在外奔波，后方会议开除，确实很像一个阴谋场景。对此张静庐十分痛心，他说："我不相信人世间竟会有这样的'阴谋'！没有一丝血痕的一把利刃，从我认为有'知己'之感的朋友，亲手刺进我的心坎！"[2]

这种陈述，来自张静庐的《在出版界二十年》。如果属实，那么在现代书局困境的时候二入书局的张静庐，最终却落得这样一个结局，委实有着农夫和蛇的味道。但同样熟悉现代书局的施蛰存，却在五十年后的回忆中，提供了关于张静庐离开的另外一种叙述：

---

[1]　张静庐：《在出版界二十年》，西北大学出版社 2019 年版，第 96 页。
[2]　张静庐：《在出版界二十年》，西北大学出版社 2019 年版，第 97 页。

三位老板都把书店看作金库，大肆挥霍。银行信贷，已经停止。张静庐极工心计，看到了书局的危机，他就向洪雪帆、卢芳提出要拆伙。洪雪帆是个忠厚老实人，虽然知道书局在这个时候拆伙，只能增加困难，但在书局中由于静庐的大权独揽，他坐在经理室除了在收支单据上签字盖章以外，几乎无事可做，心里也早已不很愉快。卢芳是小股东，没有多大发言权。一九三五年阴历除夕，洪雪帆请大家到他家里吃年饭，静庐、卢芳、灵凤和我，还有雪帆的弟弟，连主人一共六人。饭后，三位股东进行了最后一次谈判。谈判的气氛很不好，雪帆和静庐差一点要闹翻，我们也无法劝解。谈判的结果是允许静庐按比例拆出股份，而且允许静庐全部提取店内的现金。过了春节，现代书局虽然依旧开门营业，但已是一架被抽剥掉血肉的骷髅了。张静庐把抽出的现金去独资开设上海杂志公司。洪雪帆本来已有严重的肠胃病，经此挫折，病势加剧，住进医院，没几个月就去世了。此后，现代书局由雪帆的胞弟维持了几个月，终于闭门歇业。我同杜衡、灵凤，在张、洪拆伙后就辞职离开了。[①]

相比之下，施蛰存的记述似乎更为符合现代书局几位当事人的性格。对于离开之后很快就开办了上海杂志公司的张静庐来说，似乎并不像他说的那样是被扫地出门。这种孰是孰非难以说清的情况下，1934 年 3 月 16 日，现代书局股份有限公司在《申报》发布启事，公开宣布自 3 月 1 日起，张静庐已经脱离现代书局。在上海杂志公司之

---

① 施蛰存：《北山散文集》，华东师范大学出版社 2001 年版，第 328 页。

前张静庐最为耀眼的出版岁月，就此结束了。

三、上海联合书店

张静庐第一次离开现代书局之后，创办了上海联合书店，是这一时期他的另一件出版经历。1929 年 8 月 18 日，《申报》刊登了《上海联合书店筹备讯》的报道：

> 沪商洪雁宾、陈荇荪、金臻庠等，近鉴于出版事业日益兴盛，特发起组织一新书店，定名为上海联合书店股份有限公司，资本二万元，已由发起人认足一万二千元。现设临时办事处于宝山路升顺里二十四号，聘任张静庐为总经理。张君从事新出版业十余年，经验宏富，现一面募集股款余额，一面开始征集文稿，如社会、科学、政治、经济、文艺、论著等，凡属名著，不论翻译或编著，均在征求之列。①

这则启事是上海联合书店第一次露面，里面的信息显示，张静庐只是一位聘任的职业经理。但半个多月之后，另一份上海联合书店迁移新址的报道中，张静庐的主办人身份就获得了确认："上海联合书店，系张静庐所主办，上月开始在宝山路升顺里设立临时办事处，现因付印新书，均将继续出版。为便利本外埠同业批购计，于昨日赁定

---

① 《上海联合书店筹备讯》，《申报》1929 年 8 月 18 日。

四马路望平街西首沿街楼房，正式营业，闻本月内将有新书六种出版，侧重经济、社会、科学，如有价值之文稿，无论译述或编者，均愿征集印行。"①

上海联合书店的成立原因，张静庐在《在出版界二十年》里说："在我们主持下的光华书局，不免偏重于文艺书籍。然而在大革命时代，对社会科学书的需要超过文艺书。……我当时要再办一家现代书局的用意，是想将光华仍保持已经走了四五年的文艺路线，而将现代书局成为纯粹的社会科学书店。分裂之后，这计划当然无从实现，然而我念念不忘的纯粹社会科学书店计划的尝试，还是没有消失。走出了现代。走出了光华。很快就另起炉灶来独创一家社会科学书店——上海联合书店。"②

这段陈述，可以清晰地看出张静庐第一次离开现代书局之后，他坚持要办一家社会科学书店的心思。正如张静庐所言，大革命时代社会科学书籍的需求超过了文艺书。在兼具作者资源、读者阅读需求及社会实际需求的社会文化感召下，虽然张静庐创建上海联合书店的背景是在现代书局的合伙事业受挫，而且当时张静庐与沈松泉在光华书局的合作也遇到了一定的问题，但更大的原因，还是张静庐发现在当时的社会背景下社会科学书籍出版有很大空间，可以为其重振旗鼓提供便利。

1930 年 3 月 1 日，联合书店创办半年之后，为了招揽生意，直接打出了"唯一社会科学书店"的广告，"专售社会科学新书，凡各家出版物，搜集无遗"。联合书店的总发行所设在上海四马路中西大

① 《上海联合书店迁移新址》，《申报》1929 年 9 月 11 日。
② 张静庐：《在出版界二十年》，西北大学出版社 2019 年版，第 88 页。

药房隔壁二楼，门市部为四马路望平街口，并在北平王府井大街三条口设立了分店。① 到了 1931 年，上海联合书店共出版了 68 本有关社会科学的书籍，内容涉及政治、哲学、历史、经济、新闻、教育、社会、宗教、艺术理论等社会科学的方方面面。这些书的基本发行量在 1500 册到 2000 册左右，也有再版几次高达 6000 册的。书的价格差异很大，最低仅售两角两分，最高的精装版本，售价到了一元八角。

具体来看，这些社会科学书籍中，经济学书籍出版较多，共有 13 种，在整个书店书籍种类中占据五分之一左右。其中翻译国外著作 8 本，涉及经济思想史、中国农业经济、对外经济关系、经济学理论、马克思政治经济学等主题。政治、哲学类书籍次之，共出版书籍 8 种，包括《辩证法唯物论》、《学生底马克思》等，除朱新繁的《社会革命之思想与运动的发展》、《中国革命与中国社会各阶级》外，其余都翻译自国外。历史方面书籍再次之，有《近代西洋文化革命史》、《日本社会运动史》《日本帝国主义侵略中国史》、《史之梯》、《古代中国社会研究》等，关涉中国历史、世界历史、历史理论等。综观这些书籍，关于日本、美国、苏联和欧洲国家的研究较多，内容涉及社会发展、社会运动、帝国主义的压迫、新兴马克思主义等内容，对于中国社会、经济的研究篇什，也是直接与社会需求相连，这样的出版偏向显示出在当时的情况下，国人想要了解帝国主义现状、中国社会经济状况与新兴的社会主义国家发展现状的急切心情。

只是这种局面持续不长，社会科学书籍的热销让其他书局也纷纷加入，同时南京国民政府查禁书籍的法令日趋收紧，相继颁布《新出

---

① 《唯一社会科学书店》，《申报》1930 年 3 月 1 日。

图书呈缴条例》、《宣传品审查条例》、《取缔销售共产书籍办法》、《出版法》等法律、法规，形成书报检查之网，加紧对社会科学书籍的审查和查禁。据资料显示，1929 和 1930 年上海市查禁的书籍、报纸、传单等分别有 1876 种、2796 种。① 而具体到张静庐的上海联合书店，据张静庐言，"到了民国十九年（1930）年的秋季，仅仅我们联合书店一家，就收到了有十七种社会科学书查禁的训令。"② 丁达的《中国农村经济的崩溃》、郭沫若的《古代中国社会研究》、朱新繁的《中国革命与中国社会各阶级》、冈阳之功的《日本社会运动史》等，就以"诋毁国民政府"、"鼓动中国农工阶级阶级斗争"、"提倡阶级斗争"等名义被通令查禁。这样的社会现实，对当时的上海联合书店无疑造成了致命打击，"好销的书没了，剩下来的都是不能销出去的冷门货"③。

书籍销售遇阻，日常开支不小，每天 80 元房租，多重压力之下，张静庐实在无力支撑。为了及时止损，张静庐只能离开上海联合书店，然后有了前文所述的湖北之行，并于 1931 年 6 月长江流域发生特大水灾前回到了上海。

回到上海之后，就是洪雪帆的拜访和再入现代书局的故事了。其实在此期间，张静庐对上海联合书店依旧充满热爱，试图挽救。1931年 6 月，刚到上海的张静庐另辟蹊径，让上海联合书店开始组织儿童读书会。该儿童读书会以造福儿童为宗旨，号召小学生加入，参与读书学习。加入读书会全年会费两元，享受十五种大利益，可获赠《儿

---

① 王煦华、朱一冰合辑：《1927—1949 年禁书（刊）史料汇编》第 1 册，北京图书馆出版社 2007 年版，第 198—199 页。

② 张静庐：《在出版界二十年》，江苏教育出版社 2005 年版，第 95 页。

③ 张静庐：《在出版界二十年》，江苏教育出版社 2005 年版，第 95 页。

童俱乐部》全年十二册、《儿童月报》全年十二册，同时获赠《中国名人故事》、《外国名人故事》、《现代名人童话》、《童谣》、《三民主义讲话》、《自然科学讲话》、《故事连环画》、《滑稽连环画》、《英儿的通讯》、《小学生日记》、《小学生演讲法》各一册，及小学生丛书百种优待券。同时加入读书会还可获得八种奖赏、五大权利。为此联合书店还创刊了《儿童俱乐部》、《儿童月报》杂志，并邀请楼建南、楼国华、蒋衡、宋易、黄天鹏、周乐山、萧从云、郭人全、杨昌溪担任特约撰述，由黎畹香任主编。还拟出版由周乐山编的《孙中山》、顾高扬编的《爱迪生》、谢六逸的《鹦鹉》、蒋衡翻译的《小兔儿偷南瓜》、郭人全的《英儿的通讯》、黎畹香的《小学生演讲法》、张百川的《儿歌四十七种》、庄冰的《呆子的幸运》、张百川编《太阳和月亮》组成的"小学生丛书"。

张静庐再次进入现代书局之后，上海联合书店的财物以及儿童读书会都归并入现代书局。为配合新组建的现代儿童读书会，1931年10月1日，张静庐将原上海联合书店的《儿童俱乐部》、《儿童月报》合并，改版为《现代儿童》半月刊，宋易担任主编，撰稿者包括赵景深、钱君匋、蒋衡、谢六逸、李白英等，决定每月1日、15日各出版一次。《现代儿童》内容浅显，图画精美，面向小学四、五、六年级学生发行，发刊辞说刊物内容"要先告诉你们许多宝贵的科学消息和国家的时事，有趣动听的故事，美丽的图画，教你们唱出美的歌曲，玩新的花样，和课堂里听不到的新道理"①。在后续的出版中，刊物还设置了歌曲、滑稽故事、外国故事、名人故事、科学世界、小朋友文

---

① 编者：《见面礼》，《现代儿童》1931年第一卷第一期。

坛等栏目。

《现代儿童》出版至 1934 年 9 月 1 日停刊，上海联合书店的余音也到此消歇。

四、上海杂志公司

1933 年底，张静庐被排挤出现代书局，无疑对他造成了很大的刺激。张静庐觉得"这一次的教训，在我的生命史上，永远留下不会消失的创痕"[①]。但好在张静庐在上海四马路上多年积攒的人脉和能力也给他带来了新的转圜余地。

正在这时，由邵洵美、曹涵美、张光宇、张振宇、叶浅予合股组建，成立于 1933 年的上海时代图书公司率先找上了张静庐，股东张振宇邀请张静庐担任时代图书公司华南五省总经理。张振宇的邀请在此时犹如雪中送炭，但就在张静庐准备签约之时，却遭到了时代图书公司另一位股东的反对，而反对的理由竟然是，张静庐"不是我们所能控制的！"

此事未成，多年的好友沈松泉不愿看到张静庐如此彷徨孤独，于是邀请他重新进入光华书局担任经理，振兴光华。此时的光华书局发展势头已大不如前，因经济周转困难和其他方面的原因，光华的衰退已显露端倪。为了能够复兴光华，张静庐与沈松泉商定再扩充一部门，扩展营业。同时为了避免与光华业务上造成冲突，考虑当前书业

---

① 张静庐：《在出版界二十年》，江苏教育出版社 2005 年版，第 106 页。

出路及读者购买力等因素，张静庐就决定采用上海杂志公司的招牌，走专营杂志的路线开展出版事业。正当此时，原泰东图书局同业方东亮创办的群众图书公司愿意让租门市，张静庐便出面签订合同，租下充当上海杂志公司的门市。

但是正当张静庐信心满满准备大干一场之时，变故又出现了。沈松泉考虑到光华书局的经济困难，认为举办上海杂志公司这样一个支店太过于冒险，思忖两夜他还是决定放弃举办上海杂志公司的计划。虽然此时，张静庐并非无其他出路，张静庐四川的朋友也在邀约张静庐从上海去重庆、成都两地开贩卖书店，同时上海十六家新书同业也愿意将四川总特约的机会给到张静庐，但对于出走现代之事，张静庐仍旧耿耿于怀，他从内心深处还是不愿离开上海四马路。加上此时租好的门市方东亮也不愿意退约，无奈之下，张静庐只能硬着头皮进行到底，接下了这两头不要的门市，另起炉灶竖起了上海杂志公司的书业招牌。

（一）首家专门贩卖杂志的书店

虽说张静庐创办上海杂志公司是无奈之举，但其经营杂志的创举却是经过深思熟虑的结果。彼时全国各行各业因为经济凋敝而不景气，"在民国二十一二年的时候，国内经济恐慌，影响到文化食粮的销路，除教科书外，单行本新书的销路，非常凄惨，在书的事上，只有新式标点所谓'一折八扣'书，还可以勉强有它的销路。其次只有一二角一本的杂志，还有它的读者"。作为一个自 1920 年就踏入出版界的老出版人来说，张静庐还是独具慧眼，看清了书业市场局势。他认为，当时"书业的出路只有学校用书、一折八扣标点书、杂志三项尚可存在"。但考虑到教育用书出版需要巨大的资金支持，一折八扣书自己又不愿意做，就只剩下杂志事业可以从事。当时"读者的购买力薄弱的很，花买一本新书的钱，可以换到许多本自己所喜欢的杂志"[1]。杂志低廉的价格受到市场的欢迎，市场需求又拉动了杂志的出版，1934年"自正月起定期刊物就愈出愈多"[2]，再加上当时大多数杂志在书店售卖往往采取月结书款的方式，不需要什么本钱，这就使张静庐捕捉到了开展杂志销售的可能和商机。

于是1934年5月1日，张静庐投入20元的本钱，加上自己的学生张步高、侄子张鸿飞，上海杂志公司就在四马路望平街口开始营业了。自营业之日起，作为中国出版史上第一家专门贩卖杂志的书店，上海杂志公司就打出了"多方搜集全国各地出版之大小各种专门刊物，及书报杂志等一般读物，应有尽有，以便本外埠读者任意购选，无论多少，售价均较低廉，兼代办预定，不问远近，概不收手续费，并绝对负责，如读者所指定之刊物中途停版时，可凭订单退还现金……可委托代理发行……"[3]的旗号。凭借其在出版界的关系，张静庐一方面向各出版杂志的同业去接洽写信，搜罗到500多种杂志并将它们编制为全国期刊总目，将杂志的性质和每期售价、半年和一年的预订价都印上去，委托邮局由邮差代为分送各住户商号。另一方面将这目录拟成全版广告刊登日报上，使读者看了这目录，就可以按图索骥，选择他自己所需要的杂志。就这样，不但门市生意日见旺盛，外埠学生机

---

① 张静庐：《在出版界二十年》，江苏教育出版社2005年版，第107页。
② 兰：《文学论坛：所谓杂志年》，《文学》1934年第3卷第2期。
③ 《上海杂志公司之创设，开始营业定期开幕》，《申报》1934年5月3日。

关等团体以采购方便，纷纷委托代办。

事后张静庐将上海杂志公司的业务总结为"代订、代办、代理发行"。代订业务，就是代替读者订购杂志，代订的杂志并不限定于上海杂志公司发行的刊物，只要它是定期刊物，只要该定期刊物还在继续出版，上海杂志公司都可以帮读者进行代订。读者不再需要到各个杂志订购处去，所有的杂志在上海杂志公司都可以代为订购到。为此上海杂志公司特别组建了代订部，训练了十几名熟悉的店员，专门从事该业务。代办业务也设有代办部，主要包括两种形式，一种是接受读者零星委托代办一种或者几种杂志，称作邮购信托部，另一种则是接受外埠同业委托，代办外版书报杂志。代办的书报不仅包括上海杂志公司经售的本版新书杂志，还可以代办非上海杂志公司出版经售的新书杂志。开展代理发行，是上海杂志公司的另一项重要业务，就是上海杂志公司代替那些出版杂志，但却没有发行经验的同业开展杂志发行业务。而这项业务也是张静庐对自己早期迈入出版界创办《小说林》《滑稽林》的经验总结。《大陆书报》、《大上海书报》、《健美月刊》、《印象图书杂志》、《东流文艺月刊》、《皇后旬刊》、《电影世界》、《先路旬刊》、《健美生活半月刊》、《菲利浦无线电杂志》、《现代文学月刊》、《现象》、《生生图书杂志》都曾交由上海杂志公司代理发行。[①]

虽然对于当时全国书业来说，代订代办并非上海杂志公司首创，但在该业务中上海杂志公司提出的"一经预定，负责到底"、"改订退订，绝对自由"的办法，却是以前的书业同行们不曾有过的创举。在今天看来，也许这样的方针并非独特，但当时很多书店停刊后不退

---

① 《上海杂志公司将迁新屋》，《申报》1934 年 11 月 18 日。

还定款，不负责任的行为非常普遍。张静庐想矫正当时这种不良的风气，替读者保全血本，不致受到无谓损失，就将这负责到底的起码条件，作为号召。张静庐的"负责到底"是指"你在我们公司预定一种杂志，你订阅半年，我们就保证寄满半年，若该刊物中途停刊，则我们就平均计算，将尚缺的若干期退还你书价；倘使我们寄出之后，中途被邮局遗失者，订户来信通知，我们尽可能的将它补寄，只要这期杂志还有剩余的话"。所谓退订绝对自由指"一个订户对于他过去所订的杂志感觉不需要时，不拘什么理由，随时可将订单寄来退还余款或声明将剩余之款，改订其他需要的杂志。说的明白些，就是今天订下了，明天就可以退订，第 1 期看过之后，第 2 期就可以改订。"

在"一经预定负责到底"、"改订退订绝对自由"之外，上海杂志公司为了"使读者便利"，明确提出"只要你在预订或委托代订任何杂志的时候，声明一句'活期定户'，就随时都可以退订，退回订单，取还订洋"。作为上海杂志公司"活期定户"的读者，可以享受上海杂志公司提供的七种利益：（1）随时可以退订，读者自委托代订后，不论任何理由，都可以随意退订；（2）随时可以换订，即在委托代订后，如果对于所订刊物不满意，可以随时通知上海杂志公司换订其他杂志；（3）自由指定寄取，即杂志寄发有邮局邮寄或者自取两种方式，由读者自行决定采取何种方式；（4）自由决定订期，即在杂志预订中，订期并不局限于半年或者一年，读者可以自由确定订期时间；（5）随意缴付订洋，即读者在预订杂志时，若遇订款不足时，可以采取分期付款或根据所付的钱，自由决定期数；（6）全照原订价目，即在进行委托代订时，均按照原出版处的价格进行办理；（7）绝对负责保障，即在预订杂志过程中，如遇代订的杂志停刊时，可凭借订单在上海杂志公司取回订洋，保证读者权益。①

有了这样的创举，上海杂志公司完全保证了读者订阅杂志的利益，获得了读者的欢迎。同时，在店内营业上张静庐放弃贵重的玻璃窗，采用木制开放书架，主张把所有的新书杂志都摊放起来，允许那些没有钱买书和杂志的读者，或者想翻阅杂志的读者，都可以自由自在地翻看他们所需要的书籍和杂志。同时，上海杂志公司欢迎杂志订户来书店自取杂志，而这样的自取行为带来的好处就是：当他来取杂志的时候，一定还要浏览其他的杂志，看到新的合他的脾胃的，他就会买去。订户愈多，自取的人也愈多，轮流不息，进出愈多，既热闹又紧张，于是逛书店的人都进来了。这样的行为给上海杂志公司带来了众多的读者和订户，也让上海杂志公司发行所常常人满为患，拥挤着看书的读者。就这样，上海杂志公司第三个月营业额就达到了9600元，自开业到1934年10月，不到半年时间内，上海杂志公司就赚了好几千元。

这样的生意让张静庐也感到很吃惊，在他后来的回忆中，他将其中的经验总结为"快、齐、廉"。"快"就在售卖杂志上，注重时间性，力争做到杂志一出版，读者就能在书店内看到现货。虽然这样的做法可能会带来部分损失，但却使杂志公司"快"的信誉在读者的口碑中建立起来。像《良友》杂志出版的前三天，良友图书公司并不会把杂志批发给同业，上海杂志公司为让读者尽快看到新杂志，特地不惜原价买入，依九折向店内读者收款。"齐"就是保证书店所售杂志齐全，即使是一些冷门杂志，上海杂志公司也要购入，以防读者需要。像关

---

① 《为什么创办活期定户？为什么需要活期定户？活期定户有什么利益？》，《读书生活》1935年第1卷第7期。

于天文学的杂志，虽然存在销路不畅的问题，还需要事先约定，先付书款，全部购买进来。"廉"则是尽量减轻读者负担，采取廉价售卖的办法，尤其是用两天生意一天做的方式，达到薄利多销的效果。虽然听起来"快、齐、廉"并不是什么难以做到的事情，但在彼时的上海，书业同行热衷出版，大家对发行这样的事情并不在意，不为之所动，这才显示了张静庐在出版发行上的霸才。

有了赚到的几千元钱，张静庐就决定扩大自己的事业，改进业务，在朋友协助的资本支持下，上海杂志公司在实业部呈请登记注册，并使用张静庐自己和夫人的姓名进行了登记，选定"上海杂志股份无限公司"名称。针对这一实业注册，沈松泉对张静庐的精明颇有赞赏之词，这样的名字"似乎给外界以一种印象，认为这公司的资金是无限的，因而增加了对它的信任感。……静庐能够在这些节目上动脑筋，说明他的精明有过人之处"[1]。

（二）涉足图书、杂志出版事业

办妥公司注册手续后，上海杂志公司出幽谷而迁乔木，在 1934 年 11 月 25 日从原来四马路望平街上狭小的门市，搬到了曾经出过风头的世界书局发行所旧址——红屋正式开幕，地址在上海四马路三二四号，此时上海杂志公司经理的杂志已达 500 多种。至 1936 年 3 月，上海杂志公司已经相继在南京太平路中、广州永汉北路、汉口湖北路

---

[1]　沈松泉：《怀念张静庐先生——重读〈在出版界二十年〉》，宋应离、袁喜生、刘小敏编：《20 世纪中国著名编辑出版家研究资料汇辑》第 4 辑，河南大学出版社 2005 年版，第 481—482 页。

中、开封中山北街、成都华兴街中、昆明土主庙街建立了支店。张静庐在个人自传中曾言，办上海杂志公司这种"纯贩卖是不得已而为之的，终究不是我的志趣"。在公司有了资本后，他便不满足于单一的杂志销售、发行业务，开始出版杂志和图书。

1934 年至 1935 年间，因为上海杂志公司的兴旺，引发了大批杂志的出版以及杂志公司的建立，时人称这一时期为"杂志年"。而在所有的杂志中，画报的出版占着绝大部分。作为一位出版家，张静庐认为"这种畸形发展使人寒心"，便有了想靠画报来转移读者视线，提高杂志水准的想法。于是就有了张静庐及上海杂志公司刊行的第一本杂志——《文艺画报》。

该杂志 1934 年 10 月 10 日创刊，由原创造社成员叶灵凤及作家穆时英合编，画家叶浅予、黄少飞、张振宇、郭建英、黄嘉音、陈静、胡考、陆志庠、张英超、张乐平等执笔，张静庐任发行人，发行所为上海杂志公司。从杂志创刊开始，叶灵凤就道出了该刊出版的初衷："只为几个人想发刊一个小杂志，恰巧有书店肯出版，同时也预料着或者有两三个同道的读者，于是这《文艺画报》便诞生了。"[①] 从这里完全可以看出该刊是一份纯文艺的同人刊物。为了扩大该杂志的订户，张静庐采取加印 5000 份，半价预订的方法面向读者发行。原定为月刊，一年 12 期，不过最终仅仅在 1935 年 4 月 5 日出版第 4 期后就终刊了。

第二份刊发的是《读书生活》半月刊。1934 年 9 月 24 日，作为《申报》"读书问答"忠实读者的张静庐看到该栏目刊登的《发刊〈读

---

① 《编者随笔》，《文艺画报》创刊号，1934 年 10 月 10 日。

书生活〉征求读者意见》一文，文中言道为了扩大读书问答的篇幅，决定创办《读书生活》这样一种刊物代替"读书问答"。作为一位"急于读到行将改编的周刊或旬刊"的老读者，张静庐便给当时担任《申报》流通图书馆主任的李公朴先生写了封信，表达了自己想要刊行该杂志的意愿。这封信很快就得到了回复，至迟到 10 月 8 日双方已经谈好了关于《读书生活》半月刊由上海杂志公司刊行的事宜。当天《申报》刊登消息，文中言李公朴邀约上海文化界人士组成了读书生活社，并任社长，将于 11 月由读书生活社主编《读书生活》半月刊，上海杂志公司刊行。[①] 同时为了减轻读者负担，读书生活社与上海杂志公司约定采取半价优待订户的办法开始优先预订工作，初定 5000 份实行半价优待。就这样，11 月 10 日《读书生活》就在上海杂志公司创刊了，李公朴任主编，柳湜、夏子美、艾思奇等任编辑，每逢 10 日、25 日出版，发行人张静庐，总发行所上海杂志公司。《读书生活》受"左联"和"社联"的影响颇深，是一个革命的进步性刊物。设有短论、文学讲话、哲学讲话、科学讲话、生活记录、时事小品、书报介绍、读书问答、读书方法、读书经验等栏目。该杂志在上海杂志公司刊发至 1935 年 11 月 10 日第三卷起开始独立发行。

之后，张静庐还相继复刊《译文》，刊发《作家》、《中流》、《自修大学》等刊物，代理发行《文饭小品》等。《译文》杂志 1934 年 9 月由鲁迅等人创办，由黄源任编辑，生活书店发行，每期发行为 3000 至 5000 册。但出版一年之后，正待《译文》与生活书店续约之时，中间出现了变故。此时译文社正打算出版"译文丛书"，本打算由生

---

① 《读书消息第 30 期》，《申报》1934 年 10 月 8 日。

活书店出版，但之后黄源得知生活书店拒绝出版"译文丛书"时，译文社就寻找了文化生活出版社印行"译文丛书"。但此举生活书店当局认定是黄源从中作梗，便决定若续约出版《译文》则要撤掉黄源编辑的职务。并决定如若不成，宁愿停刊《译文》。1935 年 9 月 18 日鲁迅受邀前往新亚饭店聚餐，生活书店新任经理毕云程在饭桌上正式提出撤换黄源《译文》编辑的职务，遭到鲁迅拒绝，双方不欢而散。因为撤换编辑黄源一事双方最终没有达成一致，24 日生活书店表示愿意停刊《译文》。就这样，《译文》杂志在出完终刊号后就遂即停刊。《译文》的停刊，译文社是有遗憾的，在停刊期间便积极寻找出版社，起初黄源与中华书局接洽，后来孙寒冰知道后就想将该刊拉到黎明书局作为《世界文学》的姊妹刊出版。但因为黎明书局曾经出版过希特勒的《我的奋斗》等书籍，鲁迅对这家书店出版《译文》感到不满。2 月 7 日，鲁迅致函黄源明确指出由黎明书局出版《译文》是行不通的，并坚决表示"《译文》与其侮辱地复生，不如先前的光明而死"。这就给张静庐带来了机会。①

据张静庐自述，《译文》"于是由孟十还先生介绍到我这里来"。几经商讨，最终张静庐主持的上海杂志公司与译文社签订了合同，由上海杂志公司刊发《译文》。张静庐言，与黄源"订签合同时的条件，真实琐碎之至，连每期刊登几行广告也要写明白在合同上"。这次合同签订了半年，就这样 1936 年 3 月 16 日，《译文》复刊发行新一卷第一期，总代发行为上海杂志公司。《译文》复刊这天，张静庐还刊登了一条相当大的广告，并且另外做了一面白底红字的大旗挂在上海

---

① 《优秀的文学翻译月刊——〈译文〉》，姚辛：《左联史》，光明日报出版社 2006 年版，第 702—705 页。

杂志公司的门口。① 半年后，虽然上海杂志公司与《译文》的合同满期，双方并无续订，但《译文》杂志在上海杂志公司却一直出版至 1937年 6 月 16 日新三卷第四号，之后因为抗日战争爆发及八一三事变，《译文》才停刊。

1934 年底，施蛰存出版第六卷第一期《现代》后，离开现代书局。1935 年春节，因为之前与张静庐的关系，施蛰存进入上海杂志公司担任编辑。这一时期，因为离开现代的缘故，四川财阀康心如的儿子康嗣群邀请施蛰存合编一份文学期刊，要寻找发行机构，张静庐自告奋勇愿意代理发行事务，于是上海杂志公司便成为了《文饭小品》的代理发行机构。②1935 年 2 月 5 日《文饭小品》创刊，编辑人康嗣群，发行人施蛰存，上海杂志公司为代理总发行者。该刊以刊载文学作品为主，包括散文、随笔、游记、人物记述、读书录、社会掌故、文学小论文、杂感、译作、诗歌、小说等内容，1935 年 7 月 5 日发行第六期后停刊。但据施蛰存回忆，虽然代理发行《文饭小品》以及自己在上海杂志公司任职，上海杂志公司并未成为《文饭小品》实质性的挂靠书局，《文饭小品》也并未获得张静庐及上海杂志公司的资助。

1936 年 4 月 1 日，由夏剑丞主编，黄公渚、卢冀野助编，艺文社出版的《艺文杂志》创刊，张静庐任主办兼发行人。该刊以"考证典籍，搜求珍本，编撰文艺，旁及金石书画"为宗旨，介绍了大量有关艺文、金石书画等方面的知识。该刊原计划出版双月刊，后因读者原因改为月刊，存续至 1937 年 4 月停刊。

在《译文》杂志之后，1936 年 4 月 15 日，《译文》杂志的姊妹刊，

① 张静庐：《灾梨室散记》，《天下文章》1943 年第 5 期。
② 施蛰存：《发行人言》，《文饭小品》1935 年第 1 期。

| 077 |

孟十环主编的《作家》杂志在上海创刊，发行人为张静庐的侄子张鸿飞，^①由上海杂志公司总经销。因为有了与《译文》合作的前例，《作家》在出版时并没有订立合同。该刊的撰稿人大多为左翼作家和其他进步作家，鲁迅、茅盾、巴金、萧红、张天翼等都曾在该刊发文，曾"轰动过上海文坛，而获得广大的读者群"^②。该刊以创作为主，兼顾评论和译文，有小说、剧本、诗、散文、随笔、杂文、论文、研究等门类。同时刊载木刻、书稿、名画、演剧摄影等作品。但该刊存在时间不长，1936 年 11 月 15 日就终刊，共发行 9 期。

对于《译文》和《作家》的出版，张静庐当时"根本就不曾打算过想靠着它赚钱"。^③其出版这两份杂志，更多地像出版《文艺画报》一样，是"想正在畸形发展中的杂志界，凭我们小小的努力，将出版物的水准提高起来。"^④他认为出版家应该承担一定的社会责任，而"出版家的精神堕落，这势必比纯以赚钱为目的更可怕！更可忧虑！"^⑤谁曾想，两份杂志出版之后，不仅在上海文坛引起轰动，更是收获了大批的读者。

同年 9 月 5 日，《中流》半月刊也由上海杂志公司刊行，该刊由曾任《申报·自由谈》主编的黎烈文主编，发行人为张鸿飞，由上海

---

① 1935 年冬，张静庐因为一份东京留学生自办的《诗歌》被列为"反动"刊物，在其版权页上印注国内发行所为上海杂志公司，而被当时的教育部、公安部以"危害民国紧急治罪法"联合起诉。迫于这一"准政治病"，张静庐于 1935 年 12 月 17 日在《申报》刊登《张静庐退职启事》，宣告名义上的辞职，公司事宜名义上交由其侄子张鸿飞处理，张静庐退居幕后继续主持上海杂志公司。

② 张静庐：《在出版界二十年》，江苏教育出版社 2005 年版，第 122 页。

③ 张静庐：《在出版界二十年》，江苏教育出版社 2005 年版，第 123 页。

④ 张静庐：《在出版界二十年》，江苏教育出版社 2005 年版，第 123 页。

⑤ 张静庐：《在出版界二十年》，江苏教育出版社 2005 年版，第 123 页。

杂志公司总经售。刊物撰稿人也多数为左翼作家和进步作家，刊物内容包括评论、散文、小说、诗歌、戏剧、书评、游记、人物印象、通讯、报告文学、生活记录等等。《中流》杂志在出版之后，就广受欢迎。第一期经过了四版重印，二、三期也均待再版。鲁迅的书信中提及了《中流》的销数，并且与当时的杂志做了对比，"《文学》由王统照编后，销数大减，近已跌至五千，此后如何，殊不可测。《作家》约八千，《译文》六千，新近一出《中流》（已寄上三本），并无背景，亦六千"①。作为一本新出版的杂志，《中流》的销量和《作家》、《译文》一样都达6000份以上，这在当时的出版界已经是极好的。1937年8月5日出完第二卷第十期"抗战专号"后，因为上海抗战局势发展停刊，共出22期。

1937年，张静庐还邀请平心（李平心）主编《自修大学》双周刊。1937年1月23日，该杂志创刊，张鸿飞为该刊总发行人，上海杂志公司负责该刊物的出版与销售工作。该刊以"供应大众知识，辅助青年自学"为宗旨，将广大知识青年作为读者群体，除了传授基础科学知识以外，还积极宣传马克思主义、爱国民主思想和鼓吹抗日救国。一直出版至1937年7月20日第一卷第十四号后也因为抗日战争的原因停刊。

在出版杂志之外，张静庐也积极回归旧业开展图书出版业务。在抗战之前出版的图书中，"中国文学珍本丛书"比较具有代表性。除此之外，上海杂志公司出版的图书还有洪深的"农村三部曲"，森山启智著、廖苾光译的《唯物史观的文学论》，田汉的《复活》，陈望道

---

① 鲁迅：《致曹靖华》，《鲁迅书信集》下卷，人民文学出版社1976年版，第1056页。

的《望道文集》和《苏联诗坛逸话》等。

五、"中国文学珍本丛书"

20世纪二三十年代，我国古籍出版迎来了高峰时刻。当时参与古籍出版活动的力量不仅包括藏书家、图书馆、社会机构或团体刻书、旧书业，还包括新近出现的出版机构。作为一家新成立的出版机构，面对整理国故思潮和新图书馆运动带来的巨大市场，再加上翻印古籍不需要支付高额的版税及稿费，为了扩大营业范围，张静庐及其上海杂志公司也涉足古籍出版，以"丛书杂志化，珍本大众化"、"为读书人节省买书钱，为图书馆减少采集费"为广告语，影响一时，深受欢迎。

（一）出版缘起

"中国文学珍本丛书"自1935年9月开始出版，本欲出五辑，共250种，但因1937年抗战全面爆发，1936年10月在第一辑50种出版完毕后遂即停止。该丛书每星期六出版一种，主编施蛰存，发行人张静庐，发行所位于上海杂志公司，面向个人、家庭、学校、图书馆发售。

张静庐为什么参与出版该丛书？除了为融入时代大潮，其更大程度上是出于对普通大众读不到书的同情——"为读书人节省买书钱"。1935年8月25日，他在《我为什么刊行本丛书》中说：

中国的书实在是太珍贵了，木刻的古董，穷小子是眼都看不到的。影印的因为销路不很旺，售价也昂贵的很。……因此，象我个人一样，要想多读几本而没有大钱来买，全中国不知有几千万人哩。为了这，我才有刊行"中国文学珍本丛书"的尝试。①

张静庐从个人经历出发，谈到了自己出版该丛书的缘起，把个人出版活动与普通大众的读书需求联系在一起。正如作为主编的施蛰存在《编印中国文学珍本丛书缘起》中道："上海杂志公司主人张静庐先生，商人也，亦学人也，亦尝以寒士不能多读天下书为恨，居常为余言其意，而今则奋然有精校断句排印《中国文学珍本丛书》之计，要余襄助其事。"②

在资金方面，虽然社会效益是其出版该丛书的动机，但归根结底张静庐仍是一个混迹出版界十余年的"在商言商"的生意人。为保证出版利润，张静庐采用股印的方式为"中国文学珍本丛书"募集资金。该丛书最早的预约广告见于1935年发行的《读书生活》第二卷第八期，广告中道："全集五十种，分订七十册，预计页数达两万页以上，预约一次付只收十五元，平均计每种只合三角。"紧随其后刊登了丛书预约办法，"书价，一次缴付十五元。分次缴付第一次付六元。以后每五个月中，每月初各付二元。需要特印本者另加五元，一次付清"③。预约者可以到本埠自取，也可以通过邮寄的方式获取该丛书，并且可以通过分期付款的方式来预约图书。张静庐"曾略约统计过，就这第

---

① 张静庐：《我为什么刊行本丛书》，《读书生活》第2卷第8期。
② 施蛰存：《编印中国文学珍本丛书缘起》，《读书生活》第2卷第8期。
③ 《中国文学珍本丛书第一集开始发售预约》，《读书生活》第2卷第8期。

一辑全部的造价估计，如果有一千八百份以上的预约，是勉强可以维持的"①。由此我们可知该丛书第一辑成本大概在 27000 元，与其初创时 20 元的资金相比，高昂的成本决定了张静庐只能采用股印的方式。

为了募股，同时为了获得更多读者，8 月 27 日《申报》第 11 版刊登《上海杂志公司刊行中国文学珍本丛书》的软文，这种类似现代报纸宣传软文的新闻介绍了该丛书的基本情况、预约价格，丛书自 8 月 27 日起发售预约一月，公布了 9 月份即将刊行的书目。②9 月 2 日、14 日《申报》继续刊登预约广告，同时公布了编委名单、第一辑书目、内容介绍来吸引读者。10 月 12 日《申报》发布续售预约公告，将预约时间延长至 10 月底，并出现了普及本和特印本两种不同的形式，普及本只收洋十七元，特印本只收洋二十四元。即使此时丛书价格因纸价上涨，③较早期预约价格上涨了两元，但比起"零售需价三十余元"④ 还是低了一半，这种预约购买享有的极为可观的价格优惠，吸引了大批读者预约。据《袁小修日记》版本目录页记载，该书 9 月初版2500 本，10 月再版 4000 本，⑤ 已经远远超过张静庐预期的 1800 份。

（二）"名人效应"打造"明星"丛书

拥有了充足的资金来源，该丛书也吸引了一大批当时的文坛名家

---

① 《上海杂志公司刊行中国文学珍本丛书》，《申报》1935 年 8 月 27 日。

② 《上海杂志公司刊行中国文学珍本丛书》，《申报》1935 年 8 月 27 日。

③ 1935 年 9 月 24 日申报广告言："现因洋纸售价陡涨，有加无跌，故自十月一日起至十月底止预约售价不得不酌量增加。"见《中国文学珍本丛书》，《申报》1935 年 9 月 24 日。

④ 参见《申报》1935 年 9 月 2 日；1935 年 9 月 14 日；1935 年 10 月 12 日。

⑤ （明）袁中道撰：《袁小修日记》，上海杂志公司 1935 年版，第 10 页。

参与。该丛书主编施蛰存，在主编"中国文学珍本丛书"前就曾受张静庐邀约主编《现代》杂志，该杂志云集了戴望舒、金克木等一批优秀作家，形成了影响深远的文学流派"现代派"，两人也建立了深厚的合作关系。上海杂志公司成立后，1935年春节施蛰存进入上海杂志公司兼任编辑。这个时期，施蛰存刚刚经历与鲁迅的论战，在文坛颇感苦闷无助。刚刚刊行的《文饭小品》虽为施蛰存提供了一个发声平台和阵地，但也面临停刊危机。"中国文学珍本丛书"的出现给他提供了一个能够展现自我文学价值观的新平台。是年7月中旬，可能基于施蛰存个人在文坛的影响力及在上海杂志公司兼职编辑之便，张静庐找到施蛰存商谈翻印古籍出版的计划。

施蛰存的影响力以及"中国文学珍本丛书"的平台，让张静庐和施蛰存各取所需。1935年8月施蛰存担任该丛书主编，并与张静庐一起开始物色编委成员及编辑、校对。"中国文学珍本丛书"的编委包括周作人、胡适、郑振铎、沈启无、林语堂、卢冀野、叶圣陶、郁达夫、吴瞿安、汪辟疆、俞平伯、朱自清、龙榆生、周越然、钱南扬、刘大杰、丰子恺、废名、阿英、曹礼吾。校辑工作由卢冀野、阿英、施蛰存、张静庐、沈启无、汪辟疆、郑伯奇、戴望舒、王尘芜担任，卢冀野主编元人杂剧全集，汪辟疆主编唐人小说全集，沈启无、刘大杰、阿英主编晚明各家小品文集，郑君平、王尘芜、张静庐、戴望舒、施蛰存主编诗词散文等。王公度、张春桥曾负责校对，萧从云负责印刷，郑川谷负责装帧。周作人、胡适、沈启无、林语堂、卢冀野、郁达夫、吴瞿安、张天畴、沈尹默、陆维钊曾为丛书题签。

由于资料有限，虽然我们只能得到部分人员的参与情况，但是仅有的史料展现了丛书编委们为该丛书的书目选择做了一定的贡献。

1935 年 8 月 18 日，周作人在写给施蛰存的信中说："手书诵悉。承示书目，嘱列名自无不可，但愧不能有所帮助耳。绍介语日内写好寄呈。目中《柳亭诗话》鄙意似尚可商，因其多琐碎不足取，不知以为如何？匆匆奉复，有别的意当再随时奉闻。"[1] 据信我们可以推断，施蛰存写给周作人的信应该是在咨询丛书书目，周作人在回信中给予了一定回应，指出《柳亭诗话》多琐碎不足取。在《我为什么刊行本丛书》中，张静庐也印证了这一说法："本丛书之刊行，得周作人沈启无诸先生之推荐书目，介绍善本，盛情可感。"[2] 更多的详细资料我们无从知晓，但是可以确定的是这些人应该或多或少在书目选择、编辑校对及书籍印刷、装帧等方面提供了支持。

纵观整套丛书，从主编到编委，再到编辑、校对，既聚集了当时文坛的大批知名文人、作家，也有诗词散曲专家及书法名家为其增光添彩。从"中国文学珍本丛书"参与人名录中可以看出，张静庐和施蛰存选择他们参与该丛书无非是希望依靠"名人效应"来打造一套"明星"丛书，既依靠他们在编选书目上出谋划策，也希望提高丛书权威性、知名度，赢得读者青睐。

在出版"中国文学珍本丛书"的过程中，还有许多值得书写的与张静庐有关的故事。彼时，"中国文学珍本丛书"中有一本《金瓶梅词话》正在北京图书馆影印本的基础上由施蛰存标点。但这本书的重新标点出版在当时的上海竞争激烈，著名藏书家、文学史家郑振铎编的"世界文库"也在标点这本书，删去淫词秽语，并分期发表，同时

---

① 周作人：《与施蛰存书九通》，周作人著，张明高、范桥编：《周作人散文》第 4 集，中国广播电视出版社 1992 年版，第 53 页。

② 张静庐：《我为什么刊行本丛书》，《读书生活》第 2 卷第 8 期。

上海中央书店老板平襟亚也决定出版洁本《金瓶梅词话》，正在默默地请人删节、标点这本书，并特地提高排字工资，扬言要求印刷厂赶在上海杂志公司之前印出。

对于这件事，作为标点者和主编者的施蛰存回忆道：

> 张静庐和平襟亚是当年四马路出版界的两位霸才，他们的营业竞争，勾心斗角，可谓旗鼓相当。张静庐听到平襟亚的《金瓶梅词话》已即将排版完成，而自己的全稿尚未发排完了，估计他的书势必落后一个多月才能出版，这对他是非常不利的。
>
> 于是张静庐请平襟亚吃饭，席上就单刀直入，开了一个谈判。张静庐说：他的《金瓶梅词话》是编在"中国文学珍本丛书"中的，是"丛书"之一种，《词话》的销数，与丛书其他各种的销数有影响。中央书店的《词话》是单种书，销数多少和其他书没有关系。因此，张静庐要求平襟亚把排好的《词话》让上海杂志公司先印一版，然后将全副纸版送给中央书店去印行。所有排字工资都由上海杂志公司担负。这样，就是说：平襟亚只要同意上海杂志公司先印一版，他就可不费一文钱，印行中央书店的《金瓶梅词话》。①

平襟亚考虑到张静庐的门市收入及自己在全国的发行优势，再加上中央书店未来可以得到免费的纸版，还可以定价低于上海杂志公司版，就欣然接受了张静庐的建议，决定将排好的《金瓶梅词话》先给

---

① 施蛰存：《杂谈〈金瓶梅〉》，《施蛰存七十年文选》，上海文艺出版社 1996 年版，第 701—706 页。

上海杂志公司印行。但没想到的是，当后来张静庐得到中央书店的排校样时，发现该校样不仅存在标点错误的问题，删节之处上下文也对不上，而且存在字体较大，用纸多的缺点。张静庐最终还是选定了施蛰存校点的版本，停用了中央书店版。因为这一曲折，《金瓶梅词话》的出版晚了一个月，不过上海杂志公司初版印行了两万本后，还是把纸版给了中央书店。但是没过多久，抗日战争爆发，中央书店的《金瓶梅词话》也不易运销至内地。正如施蛰存所言："这一盘棋，平襟亚输了。"这也突出了张静庐作为出版者的策略谋划。

另一件便是张静庐用人不当的故事。1935 年 5 月，18 岁的张春桥曾进入上海杂志公司做校对员，因为他在报刊上发表过文章，很快被提拔为助理编辑。在张静庐请阿英、施蛰存主编"中国文学珍本丛书"之时，张春桥认为标点古书不难，且容易名利双收，就主动要求承担几本。张静庐给了他《柳亭诗话》和《金瓶梅词话》，但是张春桥的学识十分浅薄，对古诗懂的也很少，结果把《柳亭诗话》里的四言诗硬当做五言或七言来标点，当他碰到一首长短句的古风诗，发现五言也读不通，七言也点不断的时候，就断定原本写错了。于是就在原书上批了一个大大的疑问符号，另附信给张静庐："原书有误，请注意。"张静庐一看不对就把信交给了主编施蛰存，施蛰存很是吃惊，把张春桥以前所标点的原书拿来一读，发现全被点得狗屁不通。张静庐怪自己用错了人，派人给张春桥送去了 30 大洋，便将他辞退了。此时的张春桥恼羞成怒，当即写了封义正词严的信，向张静庐表示："……标点古书，实为市侩行为，欺骗读者，贻害大众。尤非浅鲜，且该项珍本乃由施某编辑，更令人不齿。早知如此，我亦不愿加入矣。"后来此事于 1935 年 11 月 18 日被上海《小晨报》给予无情的揭露和辛辣的讽刺，标题为《张春桥标点珍本记》。①

1935 年 9 月 14 日丛书第一种《袁小修日记》顺利出版发行。除了预约发行整辑之外，"中国文学珍本丛书"还采用零本发售的形式。在面向大众发行普及本之外，还发行用七十磅米色道林纸装帧印刷的特印本 500 部，专供学校团体及图书馆等对图书装帧有特殊需求的机构。

在发行渠道上，上海杂志公司通过上海四马路三二四号总发行处、南京太平路中支店、广州永汉北路支店开展丛书发行外，还在全国 18 个地区进行该丛书的发售，并采用邮购的方式向偏远地区发售。这样一个集多种方式为一体、多个区域同时发售的发行网络，为"中国文学珍本丛书"的售卖打通了渠道。

在图书宣传推广方面，张静庐善于根据图书生命周期的不同阶段，利用广告、书评、优惠券等手段进行宣传。在投入市场阶段，张静庐在不同报纸、杂志上，运用预约出版广告、新书出版预告、在版图书预告、书目广告等形式，开展图书前期宣传。如《申报》1935 年 10 月 20 日的图书广告包括《袁小修日记》再版广告、《西青散记》上周出书广告及《金瓶梅词话》下周出书预告，并对相关图书内容进行了介绍。在《书报展望》创刊号上，有《中国文学珍本丛书第一辑中已付印之明人诗文小品集》，为已出书目做广告。

张静庐还运用书评等文章为丛书营造声势，制造舆论。如《书报展望》专栏"丛书的话"刊登有《关于袁小修日记》、《西青散记里的双卿评述》、《谭友夏合集：谭元春的好诗》、《梅花草堂笔谈》等书评

①　非圆：《张静庐轶事》，慈溪市方志办公室编，童银舫、王孙荣主编：《慈溪旧闻》，浙江古籍出版社 2009 年版，第 60—64 页。

文章，它们多为对丛书的溢美之词，为编辑特意从各处选辑，或为丛书编委撰写，以制造口碑效应吸引读者购买。除此之外，《书报展望》还刊发有《拍案惊奇读书杂记》、《西青散记校后记》等综合类文章。《西青散记校后记》阐述了《西青散记》在校读中的版本选择问题，阐述了不同版本的优缺点，指出上海杂志公司在版本重订方面的意义。这些不同类型的文章与《申报》、《读书生活》上的广告一起，为丛书营造了一片叫好的形势。

张静庐也想尽"花招"，运用"八折优待券"、半折"优待印花"进行销售。"八折优待券"是方便读者廉价购买单本图书使用，"广赠欲零购本丛书之读者"。"优待印花"券则是捆绑营销的手段，该印花印制在《书报展望》杂志上，"每隔若干期赠送优待印花一次，凡持本印花向上海杂志公司购买"中国文学珍本丛书"者概取半价"。印花优惠，读者凭券到店可以优惠购买丛书，这种独特的营销手段，也给丛书销售带来了促进作用。

（三）从"一折八扣书"到"中国文学珍本丛书"

"中国文学珍本丛书"自一开始就以"丛书杂志化，珍本大众化"为广告语，在报纸、杂志上宣传推广。"丛书杂志化"就是每逢星期六出版一部，无异预订一种中国文学的定期周刊；"珍本大众化"即每部平均二十万言，订七十册，预约只费三角，比杂志还便宜。[①] 即使

---

① 《中国文学珍本丛书广告》，《申报》1935 年 9 月 2 日。

是普通零售，其价格也只在三角到五角不等。①

而纵观民国出版物价格，"一本十三四万字的书籍定价至少是一元，而包含字数同样多的杂志则仅有三角左右"②。相比于当时书籍高昂的价格，该丛书一本书的价格相当于订阅一份杂志，正是凭借这样低廉的价格优势，它吸引了大批读者的预订，影响一时。但是，在20世纪30年代的上海书业中，"一折八扣书"售价更低廉，那么该丛书又是如何在当时的市场取胜，并以价格低廉作为自己的卖点？

"一折八扣书"总体来说印刷质量不高，而在价格上标价虚高，除了一折八扣出售外有几个特点：第一，都是古旧书通过加新式标点后活字排版铅印；第二，基本上是用五号宋体字排版，书页密集，尽可能最大限度地利用版面空白；第三，装帧简陋，封面大都采用色纸单色印，不能长期保存。正是这些特点，使"一折八扣书"的成本更低，促成了书价一降再降，但也正是这些特点，成为了它粗制滥造，为人诟病的事实。③

张静庐出版的"中国文学珍本丛书"虽然也是翻印古籍图书，但是与"一折八扣书"相比，在编校质量、排版印刷、装帧设计、明码标价方面却有自己的过人之处。在编校质量上，其编选得当，名家荟萃。"中国文学珍本丛书"的编辑团队由大批文人、作家、专家组成，虽然有些书籍在点校中存在问题，但整体而言，其在版本选择、校对印刷方面是经过层层把关的，正如冯葭初所言，"选择之精，排印之

---

① 《西青散记》普及本实价三角，特印本四角；《拍案惊奇》普及本两册七角，特印本1元。参见《中国文学珍本丛书》，《申报》1935年10月12日。

② 《所谓杂志年》，《文学》1934年第3卷第3号。

③ 徐柏容：《现代出版史上一段插曲》，徐柏容：《从历史走向未来：编辑出版的改革与探索》，天津人民出版社1996年版，第403页。

佳，错字之少，在在皆能佳惠于学者"①。

在装帧设计与排版印刷方面，其精心设计，装帧精美。该丛书印有普及本及特印本，特印本"彩背烫金，富丽华贵，与普通习见之布面精装者不同"②。封面题签由名家重新题词，如《闲情偶寄》一书封面底色泥红，白笺黑字书名由郁达夫题签，"中国文学珍本丛书"的标记由竖立的编钟和似雕凿的文字组成，版权页印有汉砖马车的图案，古色古香。正如广告中言："古雅的装帧，精美的印刷，不是胡乱翻印，不是标点书。"③

在出版物价格上面，该丛书明码标价，不搞大打折扣的噱头来吸引读者。在预约之时就曾标明整套丛书的价格，在广告中更是直接标明普通零售的价格，以实价销售。1936年以前，出版物的具体销售价格主要由各家出版机构自行确定，行业组织和政府力量还未介入，"一折八扣书"的价格竞争使图书的标价和实际售价往往差别巨大，既不利于书业市场秩序和同业商人利益的维护，也不利于塑造良好的商业信誉。1936年上海书业同业公会起草业规、国民政府教育部颁发《划一图书售价实施办法》，都要求所有出版物一律标明定价，规定不同折扣原则，防止不合理竞争。④该丛书出版虽然早于该办法，但广告售价中都附有"实价"二字，这从侧面展现了张静庐的书业自律和自觉，显示了丛书在价格方面的独特意义。

除了在以上方面超越"一折八扣书"之外，"中国文学珍本丛书"

---

① 冯葭初：《关于袁小修日记》，《书报展望》1935年第1卷第1期。
② 参见《中国文学珍本丛书》，《申报》1935年10月26日。
③ 参见《中国文学珍本丛书》，《申报》1935年10月12日。
④ 吴赟：《出版经济学的核心》，同济大学出版社2014年版，第128—129页。

作为张静庐"为读书人节省买书钱"的一次出版尝试，在文化普及方面也具有重要意义。价格低廉使普通人都有机会购买该丛书，从而接触知识，学习知识，这样的出版行为有利于知识的下移和扩散，促进了知识的大众化进程。从这个角度来看，该丛书可以看作是"一折八扣书"的延续。正像徐柏容所说，"一折八扣书对像我这样的穷学生来说，可说是给我进入祖国文化宝库开了方便之门，丰富了我的文化知识"[①]。这种共同的文化普及作用，也正是该丛书所具有的文化价值。

（四）小品文论战及"中国文学珍本丛书"风波

在"中国文学珍本丛书"50种中，晚明公安、竟陵两派的诗文和杂记有29种，另外则是元人杂剧、宋人的词及评话、唐人的传奇等等，如此多数量的晚明小品文被编选进该丛书，这从侧面展现了该丛书主编及编委们的总体倾向——对晚明小品文的推崇。

"小品"一词原指简洁的佛经，到明代方被假借来称呼形式短小而意味清隽的文章，[②] 而民国时期对于晚明小品文的推崇，则始于周作人。周作人最早将五四新文学的渊源定位为晚明文学的公安派和竟陵派，虽然这一观念最终成熟是在《中国新文学的源流》一书，但在1930年9月周作人为沈启无所写的晚明小品选本《近代散文抄》序言中就已流露出"言志"、"载道"二元循环的文学史观念。[③] 他将晚明"性

---

① 徐柏容：《书战：一折八扣——三十年代书界回眸》，《书屋》1996年第1期。

② 廖玉蕙：《晚明小品》，魏子云主编，台湾十八院校百位教授合著：《中国文学讲话 9 明代文学》，贵州教育出版社2014年版，第31页。

③ 毛夫国：《现代文学史上的晚明文学思潮论争》，文化艺术出版社2011年版，第53页。

灵"、"闲适"派的小品文视为中国现代散文的源头,大加提倡,掀起了晚明小品热,导致形形色色的晚明小品选本集中出现。1932 年林语堂等人创办《论语》半月刊,随后于 1934 年、1935 年又分别创办《人间世》和《宇宙风》,1935 年施蛰存创办《文饭小品》,这些杂志以幽默、性灵、闲适为原则,刊登大量郁达夫、周作人、俞平伯、废名、丰子恺、戴望舒等人创作的小品文,提倡晚明性灵小品。在出版界,上海许多出版社也纷纷出版晚明小品文选集,如沈启无的《近代散文抄》、刘大杰的《明人小品集》、施蛰存的《晚明二十家小品》等,一时蔚为大观。

晚明小品文在这一时期的风靡,引起了以鲁迅为代表的左翼作家的注意。鲁迅认为在国难当头的时候,提倡晚明性灵闲适小品不合时宜,于是对周作人、林语堂等人提倡的小品文提出了批评,引发了 20世纪 30 年代关于小品文的论争。鲁迅撰写了《从讽刺到幽默》、《小品文的危机》、《新秋杂识(三)》、《"滑稽"例解》、《骂杀与捧杀》等多篇文章,矛头直指周作人、林语堂、施蛰存、刘大杰等提倡的"闲适"小品文,提倡文学的战斗性。在 1934 年 6 月 21 日写给郑振铎的信中,他更言道:"此地小品文风潮,也真真可厌,一切期刊,都小品化,既小品矣,而又唠叨,又无思想,乏味之至。语堂学圣叹一流之文,似日见陷没,然颇沾沾自喜,病亦难治也。"[①] 面对鲁迅的指责与批评,林语堂、周作人等性灵派也不示弱,林语堂写了《论幽默》、《方巾气研究》等文章进行辩解,施蛰存创办《文饭小品》刊载大量趣味闲适小品支持周作人,参与小品文论争,周作人更是写了《苦茶庵小

---

① 鲁迅:《鲁迅书信集》上,人民文学出版社 1976 年版,第 585 页。

文》，讽刺鲁迅为"仍服膺文以载道者"的"耳食之徒"，回应鲁迅。[①]

关于小品文的论战一直持续到 1935 年还未止歇，甚至愈演愈烈。[②] 而就在此时这些以周作人、林语堂、施蛰存为代表的"性灵派"文人被张静庐选为丛书主编及编委，并在丛书中出版大量晚明性灵小品文。这样的付印广告一经传出，便引来了鲁迅的不满，成为了小品文论战延续的"靶子"。1935 年 9 月 5 日《太白》半月刊发表鲁迅的文章《聚"珍"》，直指施蛰存：

> 张静庐先生《我为什么刊行本丛书》云："本丛书之刊行，得周作人沈启无诸先生之推荐书目，介绍善本，盛情可感。……施蛰存先生之主持一切，奔走接洽；……"施蛰存先生《编印中国文学珍本丛书缘起》云："余既不能为达官贵人，教授学者效牛马走，则何如为白屋寒儒，青灯下士修儿孙福乎?"这里的"走"和"教授学者"，与众不同，也都是珍本。[③]

鲁迅征引张静庐及施蛰存彼此称赏和自得之语，反用"珍本"一词加以尖刻讽刺，表达了他对这套丛书及编印者的不满。1935 年 12 月鲁迅又写了专文讨论小品文，在《杂谈小品文》[④] 一文中，鲁迅先略述了"小品文"的历史，然后笔锋一转，开始讲"性灵"的来龙去

---

① 周作人：《苦茶庵小文》，《人间世》1934 年第 5 期。

② 1935 年鲁迅分别于 1 月、4 月、12 月写了《招贴即扯》、《"京派"与"海派"》、《弄堂生意古今谈》、《杂谈小品文》等文章箭指周作人、林语堂等人提倡的晚明性灵小品文；林语堂写了《做文与做人》，周作人写了《谈韩退之与桐城派》、《十竹斋的小摆设》回应。

③ 鲁迅：《掂斤簸两·聚"珍"》，《太白》1935 年第 5 卷第 12 期。

④ 鲁迅：《鲁迅杂文全集》下，群言出版社 2016 年版，第 284—285 页。

脉，并对周作人、林语堂等人提倡小品文进行了辛辣的讽刺，"这经过清朝检选的'性灵'，到得现在，却刚刚相宜，有明末的洒脱，无清初的所谓'悖谬'，有国时是高人，没国时还不失为逸士。逸士也得有资格，首先即在'超然'，'士'所以超庸奴，'逸'所以超责任：现在的特重明清小品，其实是大有理由，毫不足怪的。"文章再次直接点名"中国文学珍本丛书"："为了这小品文的盛行，今年就又有翻印所谓'珍本'的事。有些论者，也以为可虑。我却觉得这是并非无用的。原本价贵，大抵无力购买，现在只用了一元或数角，就可以看见现代名人的祖师，以及先前的性灵，怎样叠床架屋，现在的性灵，怎样看人学样，啃过一堆牛骨头，即使是牛骨头，不也有了识见，可以不再被生炒牛角尖骗去了吗？"这里的名人，鲁迅大概指的就是周作人、林语堂、施蛰存等人，而他认为"中国文学珍本丛书"翻印古籍大概只有"看见现代名人的祖师，以及先前的性灵，怎样叠床架屋，现在的性灵，怎样看人学样"的作用。鲁迅还说，"不过'珍本'并不就是善本，有些正是因为它无聊，没有人看，这才日就灭亡，少下去；因为少，所以'珍'起来。"鲁迅在这里笔锋直接转向"珍本"问题，讽刺丛书主编施蛰存及以周作人为首的编委，在编印该丛书时存在的版本及校点技术问题。

鲁迅的批评并不是没有道理。因为在该丛书出版之时，读者对丛书书目就褒贬不一，后期丛书出版时在质量上也出现了问题。1935 年 11 月 4 日，邓恭三就曾发文指出了该丛书"计划之草率、选本之不当、标点之谬误"三大弊病。① 面对这样的指责，张静庐和作为主编的施

---

① 邓恭三：《评中国文学珍本丛书第一辑》，《国闻周报》1935 年第 12 卷第 43 期。

蛰存自然理亏，11月8日施蛰存刊登《关于〈中国文学珍本丛书〉——我的告白》[①]，针对批评介绍了丛书编辑经过及选本与标点的情况，回应外界。11月10日《书报展望》杂志刊登《为中国文学珍本丛书答复读者三点》[②]，从错字、书目、内容删减三个方面答复读者。面对施蛰存的告白及上海杂志公司的公告，邓恭三依旧不依不饶，12月5日发表《再评〈中国文学珍本丛书〉——并致施蛰存先生》，指出"既以珍本作幌子，则即使不能把原来不珍者由我而珍，也绝不应使原来完整者反由我而残，这却又是诸公的能力所不能做到的"[③]。鲁迅在他的文章中就是抓住了该丛书编印上的缺陷，而展开这次"交火"，并以此来与性灵派论战。

1936年1月，鲁迅继续发表《文人比较学》一文讥讽施蛰存，文章从邓恭三对"中国文学珍本丛书"的批评及施蛰存的告白入手言道：

> 中国的文人们有"两些"，一些，是"充其量还不过印出了一些草率的书来"的，"别的一些文人们"，却是"出卖了别人的灵魂与血肉来为自己的'养生主'"的，我们只要想一想"别的一些文人们"，就知道施先生不但"并不能算是造了什么大罪过"，其实还能够算是修了什么"儿孙福"。但一面也活活的画出了"洋场恶少"的嘴脸——不过这并不是"什么大罪过"，"如别的一些

---

① 施蛰存：《关于〈中国文学珍本丛书〉——我的告白》，《国闻周报》1935年第12卷第46期。

② 《为中国文学珍本丛书答复读者三点》，《书报展望》1935年第1卷第1期。

③ 邓恭三：《再评〈中国文学珍本丛书〉——并致施蛰存先生》，《益世报·读书周刊》，1935年12月5日第27期。

文人们也"。①

鲁迅的批评从《聚"珍"》到《杂谈小品文》，再到《文人比较学》，其中不仅指涉"中国文学珍本丛书"的版本、质量问题，而且转移到了对该丛书推崇晚明小品文的不满，甚至已经再次扩大到对于周作人、林语堂、施蛰存等"性灵派"文人人格层面的谩骂。至此"中国文学珍本丛书"已完全被卷入这场关于小品文的论战当中，被广泛关注。

被鲁迅如此穷追不舍，"中国文学珍本丛书"的诸位偶见回应。1936年1月10日，《书报展望》刊登《中国文学珍本丛书第二辑改进各点》②公告，文中言道，"自出版以来，准期发行，每逢星期六出版一种或二种，未曾中断。其工作之艰辛，可想而知。若非意存污蔑者外，赞许之函日达十余封……"，这里的"意存污蔑者"大概就指鲁迅。4月11日，周作人创作《〈梅花草堂笔谈〉等》一文，文章先从"中国文学珍本丛书"中《梅花草堂笔谈》单本的价格"只需四角五分"说起，觉得它的翻印本价格低廉，可以满足自己的阅读需求；然后谈到该丛书书目中"有好些书很值得重印，特别是晚明文人的著作，在清朝十九都是禁书，如三袁、钟谭、陈继儒、张大复、李卓吾等均是"。来表达他对于该丛书及晚明小品文的推崇与肯定。在回应鲁迅批评方面，他指出：

> 翻印这一类的书也许有人不很赞成，以为这都没有什么

---

① 鲁迅：《鲁迅全集》第6卷，人民文学出版社2005年版，第585页。
② 《中国文学珍本丛书第二辑改进各点》，《书报展望》1936年第1卷第3期。

文艺或思想上的价值，读了无益。这话说的有点对，也不算全对。……现在提起公安竟陵派的文学，大抵只看见两种态度，不是鄙夷不屑便是痛骂。……今人学舌已可不必，有些人连公安竟陵的作品未曾见过也来跟着呐喊，怕这亡国之音会断送中原，其意可嘉，其事总不免可笑，现在得书甚易，一读之后再用自己的智力来批评，这结果一定要好一点了。①

这里周作人明显指向鲁迅对他的批评，希望持鄙夷不屑或痛骂态度的人能够在读过作品后再用自己的智力来评判它，而不要一味地"呐喊"。周作人这篇文章，既称赞了"中国文学珍本丛书"，又回应了鲁迅等人的批评，甚至无形中成了一篇宣传珍本丛书的绝佳软文。

目前，还不能确定张静庐是如何选择"中国文学珍本丛书"第一辑书目，也不知道他组建该丛书编校团队时的想法，但是从书目构成、编委人员构成以及赞助校阅诸先生以周作人冠首这样的位置排序，我们或可以推断这样的安排是张静庐有意为之。随后该丛书被卷入 20 世纪 30 年代的小品文论战当中，在成为其重要论战阵地的过程中，该丛书收获了大量关注度，增进了自身影响力，为其随后畅销奠定了基础。这些看似偶然的自然演进，实则是张静庐作为优秀出版家的策略使然。他以出众的前瞻眼光，拓展了古籍出版业务，审时度势，制定正确的出版营销方针，同时善用舆论制造话题，吸引注意。或许出版计划伊始，该丛书的成功已被张静庐了然于胸。

1936 年 1 月，上海杂志公司在《中国文学珍本丛书第二辑改进

① 周作人：《〈梅花草堂笔谈〉等》，钟叔河：《周作人文选（1930—1936）》，广州出版社1995 年版，第 483—487 页。

各点》中预告："现第一辑将于五个月内完全出齐，明春三月续刊第二辑。"① 但直到 1936 年 10 月，"中国文学珍本丛书"第一辑 50 种才断断续续出版完毕。随着 1937 年抗战局势发展，"中国文学珍本丛书"第二辑的策划无疾而终，第一辑 50 种，也成为绝唱。

在张静庐的自传中，他曾评价"中国文学珍本丛书"是自己出版计划尝试的大失败，但其实张静庐邀请当时的大批文人、作家，为丛书制造名人效应，获得了当时学术界和社会的关注，通过广告宣传和书评等营销方式，制造口碑效应，扩大了该丛书的影响力，显示了他在出版发行、宣传推广方面的独特才能。"中国文学珍本丛书"虽然不如商务印书馆和中华书局的规模宏大，甚至不如世界书局"点吃名菜"那样追求精品，也没有让张静庐自己满意，但在 20 世纪 30 年代的古籍出版中，作为一种有益的尝试，依然可以视为当时古籍出版的一个重要代表。

六、《在出版界二十年》

20 世纪二三十年代，自传的写作与出版风靡京沪两地。当时诸如胡适、郭沫若、戴望舒、巴金等一批作家纷纷进行自传的创作，也吸引了诸如上海第一出版社、光华书局等出版机构纷纷涉身自传出版，推出"自传丛书"、"现代中国作家自传"等丛书，自传写作与出版一时成为风尚。在这股自传写作的风潮之下，张静庐也创作出版了其个

---

① 《中国文学珍本丛书第二辑改进各点》，《书报展望》1936 年第 1 卷第 3 期。

人自传《在出版界二十年》。

该书 1938 年 6 月 10 日由上海杂志公司出版，在出版之前曾于 1937 年 5 月 15 日首次长篇载于上海杂志公司出版的《读书》月刊创刊号，之后又相继在《读书》第 2 期、第 3 期进行连载。后来抗战爆发，连载不得已终止，最终在上海杂志公司内迁武汉时出版。

虽然该书出版于 1938 年，但张静庐写作自传的动因及萌生此想法却可以追溯至 1935 年秋。是年秋，阿英一边受良友图书公司委托从事编纂中国新文学大系史料部分，一边又在上海杂志公司负责编校"中国文学珍本丛书"的工作。或许是受到收集中国新文学大系史料的影响，阿英在与张静庐的一次交谈中，曾高度赞誉张静庐在推动新文化运动中的作用，认为"要编纂一部比较详尽的中国新文化运动史，似乎不应该忘掉你"①。在赞誉之外，阿英等人还建议张静庐写一本自传，将当时张静庐亲历的上海新书业的沿革和变迁记录下来，也留下一些新文化运动的史料。但张静庐碍于自己缺乏文学的素养及写作技巧，始终没有勇气大胆尝试，不敢下笔，此事也就搁置到 1936 年冬。

1936 年冬，关于张静庐个人自传的写作又被张天畴重新提上日程。当时张天畴正准备帮《越风》主编黄萍荪向张静庐约稿，要求其写一篇关于上海新出版业的史实。在此命题之下，张天畴建议张静庐"你不妨以你自己的事业变迁为经，多量地采入当时作家们与书店之聚散离合为纬，织成一幅看上去似乎平淡而实际却富有图案意味的美丽而实用的厂绸。"②但张静庐觉得张天畴的建议过于宏大，而像他自己这样平凡的出版商，难以像张元济、陆费逵、王云五等人一样，能

① 张静庐：《在出版界二十年》，江苏教育出版社 2005 年版，第 1—3 页。
② 张静庐：《在出版界二十年》，江苏教育出版社 2005 年版，第 1—3 页。

够写出中国出版事业的沿革和变迁，于是就此作罢。

虽然两位朋友的建议都没有让张静庐实际动手开始自传的写作，但却在张静庐心里埋下了写作自传的种子，做好了写作一本自传的准备。1937 年上海杂志公司策划出版《读书》月刊，这就成为了张静庐开始写作自传的契机。为了为《读书》月刊出版准备稿件，上海杂志公司编译所的同人及金则人、李平心等几位好友，又再次提及让张静庐写作自传之事，让其用故事的体裁讲述个人经历，形成一本自传。这样艰难玉成，就有了张静庐这本个人自传《在出版界二十年》。

该书跨度将近 40 年，自张静庐 1898 年出生起，至 1937 年止，全书共 31 节，记录了张静庐前半生所经历的职业身份转变及从事出版活动的心路历程。书中不仅围绕张静庐与出版人、作者、审查官员及合作伙伴的社会交往开展叙述，而且还记述了 20 世纪二三十年代上海出版界的各类掌故，涉及礼拜六派、创造社等文学流派，更是将自己所从事的出版事业与时代发展进行了关联，体现了张静庐个人作为出版家所承担的时代责任。张静庐在出版活动中展现的经营才能、出版个性、出版理念都展现了一位出版家应该具备的素养。在他的个人自传中，我们也能读到，在彬彬济济的民国年间，张静庐作为一位出版家的成功绝非偶然。

张静庐（1898—1969）

张静庐著《中国小说史大纲》

张静庐主编《新的小说》

现代书局出版《现代》杂志

张静庐著《中国的新闻
记者与新闻纸》

上海杂志公司

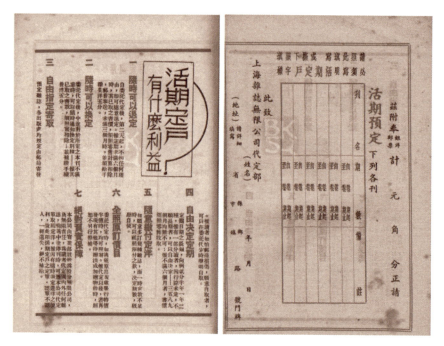

上海杂志公司开创之活期定户广告

"中国文学珍本丛书"书影、装帧及标志

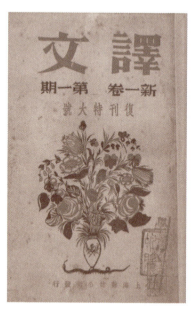

上海杂志公司出版的部分杂志

"每月文库"部分书影

东总布胡同 10 号原出版总署院内的办公楼（1950—1952）

《中国近现代出版史料》初版书影

第四章
抗战出版岁月

　　1937 年 7 月，抗战军兴，上海杂志公司先后在武汉、广州、桂林、重庆等地设立分店，出版的也都是抗战进步书刊。在整个内迁的过程中，战时的恶劣环境给张静庐的个人出版事业也带来了极大的困难：宜昌支店被炸，重庆总店两度被炸，由长沙迁到金华的支店一度被封禁，复业后不久又因敌人的进犯而解体，湘桂战役发生后，桂柳两地的支店也在流徙中无形消减。纵观这一时期，尽管张静庐个人出版业务环境恶劣，但他仍旧继续从事出版工作，并呈现出了自身的特点，实现了出版内容、出版体裁等的转向。

　　这一时期，张静庐开始在个人事业之外，尽力推动中小出版业的发展。1942 年，张静庐与时任国民政府中央宣传部编审科科长印维廉，展开了关于文艺书刊出版的论战，代表民营新书业发声。1943 年，面对出版业困难，张静庐协助黄洛峰串联了在重庆的文化生活出版社、群益出版社等出版社，成立了"新出版业联合总处"，张静庐被推为总店总经理。作为中共中央南方局在重庆出版界的爱国统一战线组织，该组织致力于为中小出版企业发声与出版自由抗争。自此阶段，张静庐实现了从个体出版人到中小出版业领军人物的身份转变。

一、抗战内迁

1937 年抗战全面爆发，8 月战火在上海点燃，这样的形势给上海出版界带来了空前的灾难。战事爆发后，上海大多数出版机构的工作完全陷入停顿，国民政府也组织大批文化机构内迁。张静庐是较早看清这种形势的，为了避免自己的出版事业在上海的战火中摧残，他便早早做了准备。一方面，他派遣侄子张鸿飞由津浦路北上到华北一带收取账款，并由北京到汉口去，建立新的书业据点；一方面逐渐结束上海的业务，把存书和同人分批送至内地去，为出版业保存实力和人才。抗战初期，因为武汉暂时成为国民政府党政机关所在地，因此也一度成为全国出版机构云集、出版事业繁荣的地方。

张静庐也于 10 月 19 日离开上海绕道浙赣路，到汉口创办上海杂志公司总店。至 1937 年 10 月，上海杂志公司总店已从上海迁至汉口交通路 62 号复业，并开始在汉口、广州两地大量印行抗战书刊，在长沙、宜昌、重庆、梧州等地先后成立支店。但好景不长，前后差不多一年时间，由于战事不断向西扩展，汉口、广州相继沦陷。在这样的情况下，原先从平津、上海等地集聚在武汉的文化工作者分别开始向重庆、桂林撤退。张静庐也是在这个时候又踏上了前往重庆的轮船。

张静庐是从武汉经宜昌、万县到达重庆的。1938年2月18日，日本9架敌机从湖北方向进入四川境内后，沿长江而上，首次对重庆广阳坝机场进行轰炸。张静庐也是在这天晚上踏上了从宜昌直驶重庆的福同轮船。张静庐是比较幸运的，这次能够搭上直航舱，不然就需要多次转路线。这次行程总共花了6天的时间，福同轮船官舱是60元，房舱是40元，统舱25元，而餐间是230元。

刚到重庆，张静庐记录下了自己对重庆的观感：

> 驶过大佛老远就看到烟云笼罩下的重庆市，像蜂巢样的房屋，倒插在嘉陵江两岸，一层高着一层，活像香港；然而没有香港的美丽与崇伟。这里缺乏葱茏的树木，也少见花丛草坪。没有听到鸟的鸣声，连麻雀都瞧不见一只。全市的市民，整日夜都在煤气里呼吸着，生存着。
>
> ……因为刚遇着空袭不久，热闹街市上许多商店的黑漆牌门都生了根。银行里营业时间，改到下午四时至八时；大小学校上课时间提早到上午六时。天还没发亮，要起来准备提着书包上学；到了黄昏后可以进银行去取存款。这样的生活，我们下江人看了真有点不顺眼。虽然是教师们和资本家的一片好意，留着白天里一大段的空余时间准备给你避难。
>
> 空袭是事实，可是广阳坝距离市区还有六十多里路哩。飞机

盘旋的影子没有瞧见过，炸弹暴烈的声浪也没有听到过，据说嘉陵江上已经为抢○避难活生生溺毙了两三百人呢。时间一天一天的溜过，敌机终究没有再度光临，生意还是要做的，于是悄悄地在门板上贴上了一条照常营业的红条儿。……①

对于重庆，1933 年张静庐也曾从上海远行至此，对比先后两次的重庆观感，这次给他印象最深的要数三个方面。一个是重庆此时的建设工程成就。城市修筑的柏油路横通直达，道路与四年前相比，因为修筑了石阶，也方便了很多，最了不起的还要数修筑的成渝公路，盘山的公路从重庆绵延至成都，翻越多重山头，光滑平坦，坚固结实，不逊于香港山顶上的环山马路。

第二是对于军队纪律的感知。张静庐言，在 4 年前，重庆满街都是士兵打斗的场面，而如今的重庆街头，军队纪律显著加强，以前流传的"做一个营长就可发十万大财"的"佳话"，也早已被打破，就是在街上，甚至都看不到闲逛的现役军人。因为抗战的缘故，重庆的军训和社会训练办得相当有成绩，当天光还没有发白的时候，满街都敲起集合军训的号声。不论车夫轿夫和一切杂役人等，还是高中、大学男女生都接受了军训或社训，一批一批的壮丁都预备着充任抗战前线的卫国战士。

第三则是 3 年来四川省币制的统一。4 年前，因为币制的不统一，一个铜元在各地兑换不一，汉口一个铜子当 20 文，宜昌当 50 文，万县当 100 文，重庆当 200 文，"假使你在汉口兑换一元钱的铜元，还

---

① 张静庐：《初写新都》，《大风》（香港）1938 年第 7 期。

没走到重庆已经化为乌有了"。而现在币制统一，带来了各种便利，各地兑换相同，再也不会出现上述状况。

张静庐还记录下了抗战内迁后，重庆成为战时陪都的新景象。因为抗战内迁的缘故，重庆人口骤增，从 30 万增加至 47 万。因为人口的增加，重庆整体的消费水平也成比例增长，各商店的货物，虽然涨了二三倍的价还是供不应求。从南京、无锡、镇江、上海等地迁至此处的各种铺子，聚集在都邮街关庙街上的不下二三十家，且家家生意兴隆，就连厨师的每月工钱都高升到六七十元，却还是不容易聘请到。上海的工厂内迁至重庆 53 家，上海的银行界也都开始在重庆设立总分行。

在文化方面，重庆聚集了一批日报，如《新蜀报》、《国民日报》、《新民报》等，上海内迁的《时事新报》和《大公报》也正在准备复刊。大批副刊的编辑也聚集到了重庆，有沈其予、金满成、徐盈、张恨水、张慧剑等人。同时因为书店的内迁和聚集，重庆的文化街也正在形成。书店的聚集地，以前有白象街，现在有因商务印书馆和中华书局内迁而兴起的都邮街，还有生活书店、上海杂志公司、拔提书店、新生书店、华中图书公司、鹤秀书店等聚集的武库街，可以一直延伸到售珠市街。张静庐的上海杂志公司支店就位于重庆武库街 97 号。1939 年 5 月国民政府颁布法令，改重庆为直辖市，同时为宣扬"三民主义"，武库街、售珠市街、劝工局街进行合并，改为民生路。上海杂志公司地址改为民生路 136 号。

由于内迁，大批高校也云集在重庆，沙坪坝成为了重庆的高校聚居地，中央大学、重庆大学、复旦大学等全在沙坪坝上。虽然条件简陋，这里还是搭建起了几千间茅屋，成为了重庆的教育区。因为这里汇聚了大批大中专院校，学生对出版物的渴望也非常强烈，1938 年上海杂志公司沙坪分店在这里成立。该店经理由陈汝言担任，他在北伐战争期间曾参加上海工人游行，20 世纪 30 年代在上海曾先后担任上海《新闻夜班》练习生，并进入黄炎培主办的中华职业教育社补习学校、李公朴主持的量才学校学习，参与各种爱国活动，结识黄洛峰、胡愈之等。内迁重庆后，他先后找到李公朴、黄洛峰和张静庐等人，表达在沙坪坝创办书店愿望，并得到张静庐等人支持。张静庐允许他使用上海杂志公司沙坪分店招牌，同时生活、读书、新知等书店则给予他赊销书刊的优惠待遇，就这样上海杂志公司沙坪分店成为了重庆沙坪坝第一家书店。[①]

在内迁重庆的同时，1938 年底，因为武汉失守的缘故，上海杂志公司总店像众多出版社和文化人一样迁至桂林。据统计，当时集结在桂林的文化出版界人士有 1000 多人，如文化人士郭沫若、张友渔等，出版工作者胡愈之、范长江、傅彬然、赵家璧、张静庐等，作家有茅盾、巴金、夏衍、胡风等。当时外地的出版机构、印刷厂也纷纷迁至桂林。还出现了一批新创办的书店，据不完全统计，桂林先后有各类书店 200 余家，这些书店可以大致分为四类：一类是直接或间接接受中国共产党领导的书店，如生活书店、新知书店、读书出版社、《新华日报》桂林营业处等；第二类是以进步文化人为骨干建立的书店，如国光出版社、耕耘出版社、文化生活出版社、上海杂志公司、开明书店、良友书店等；第三类是中间性书店，如商务印书馆、中华书局

---

① 中共中央宣传部出版局编：《出版家列传》，重庆出版社 1996 年版，第 25—33 页。

等；第四类是国民党、三青团以及反动文人开办的书店。[1] 当时的桂林桂西路两旁全是书店，成为了名副其实的书店街，上海杂志公司位于桂西路 8 号，经营图书出版和发行业务。

当时，因为桂林的地理位置和交通运输便利，"以桂林为出发点沿湘桂、粤汉铁路可以销到长沙、曲江；从耒阳转交公路，可发至江西、浙江、福建等地；利用西南公路，桂林的书先运到贵阳，再由贵阳分运昆明、重庆。重庆的市场可消化桂林书刊的半数，再由重庆西发成都，北发西安、兰州"[2]，上海杂志公司又相继在成都、宜昌、金华、西安、贵阳、香港、柳州等十几个城市设立机构。1944 年夏季，日寇大举进军湘南，在衡阳会战后继续进犯广西，桂林成为日军下一个攻占目标。面对这样的战争局势，桂林全体市民立即紧急疏散。10月前后，上海杂志公司总发行所由桂林迁往重庆，并一直在重庆持续至抗战结束。

二、抗战丛书

虽然因为战争局势，张静庐及其上海杂志公司发展困难重重，但张静庐自抗战开始就将抗战丛书的出版作为其重要的出版活动。抗日战争爆发后，抗日救国成为全民族的主题，如何宣传、启蒙和动员广大民众参与到抗日救亡的活动中来，不仅成为国家战略需要，也成为各行各业报效国家的需要。在出版界，抗日救亡成为全国出版业的一

---

① 郑士德：《中国图书发行史》，高等教育出版社 2000 年版，第 590 页。
② 赵家璧：《忆桂林——战时的"出版城"》，《大公报》（上海）1947 年 5 月 18 日。

股洪流，张静庐也不例外。张静庐以抗战主题图书出版为手段，以图书启蒙民众参加爱国救亡运动为目的，希冀通过抗战图书的出版团结广大民众，一起参与到保卫国家的运动中来。自 1937 年开始，在他的主持下，上海杂志公司在这一时期出版了许多宣传抗战的丛书，主要包括金则人等主编的"游击队小丛书"、"大时代丛书"、"当代青年丛书"，中山文化教育馆主编的"抗战丛刊"，李辉英主编的"战地报告丛书"，叶以群主编的"战地生活丛刊"以及"新军事学丛书"等。

1937 年卢沟桥事变爆发之后，张静庐就请编辑部主任金则人先生、刘群先生将与抗战没有关联的稿件，审阅后暂行搁置。同时，开始计划编印"大时代丛书"，规定从九月份开始，每三天出版一本。"大时代丛书"包括金则人著《告大时代的青年》、林淡秋著《抗战文化与文化青年》、林超岚著《青年军事常识》、刘列夫著《国民兵役的法令和实施》、林克多著《日本在华间谍网》、傅于琛著《汉奸的产生和扑灭》、李浴日著《空袭与防空》、刘孤帆著《持久战与国民生活》、柳仁著《日本军部与法西斯蒂》、柳乃夫著《中日战争与国际关系》、史步金著《全面抗战的政治形势》、汉夫著《后方民众怎样干》、张佐华著《抗战军队中的政治工作》、崔尚羽著《战时经济学讲话》、曹伯韩著《日本侵华简史》、张佐华著《怎样组织民众》。

"当代青年丛书"包括刘群著《告彷徨中的中国青年》、姜君辰著《战争乎？和平乎？》、钱亦石等著《从学校到社会》、柳乃夫著《资本主义的前途》、马亚人著《怎样过集团生活》、吴清友著《现阶段的世界民族解放运动》、李凡夫著《日本的过去现在和未来》、凌青著《中日实力的对比》、王达夫著《苏联二十年》、黄峰著《怎样过文化生活》、何干之著《转变期的中国》。"当代青年丛书战时增刊"包括陈毅著《怎样动员农民大众》，金则人、刘群、柳乃夫著《抢救华北》，张佐华著《怎样争取最后的胜利》。该丛书的刊行缘起曾道出该套丛书出版的原因："我们现在是生存在一个困厄的但又伟大的时代，这个时代留给我们的任务自然是繁重的，然而却也是伟大的。每一个青年大众，将不可选择地都要担负起这个任务。……为了使已经或正走向前线的青年大众们对于目前已经遭遇着的问题获得完满的认识起见，我们刊行这当代青年丛书。"另外还有"自我教育丛书"，包括艾寒松著《青年修养与意识锻炼》、孙运仁著《青年职业讲话》。"自修大学丛刊"包括平心编著《各科基本知识讲话》、《各科研究法》。

从上海迁至武汉后，1938年在武汉专注抗战图书出版的张静庐，结识了到武汉参加中华全国文艺界抗敌协会的李辉英。此时的李辉英已加入中国左翼作家联盟，并先后在上海编过《创作月刊》、《生生月刊》等杂志，在《北斗》、《中流》等杂志都曾发表过文章，具有一定的文化资源和抗战号召力。他遂邀约李辉英主编一套"战地报告丛书"小册子。当时的李辉英住在中共长江局安排的武昌一家旅社中，里面聚集着大批来自各地的流亡青年作家，包括碧野、田涛、姚雪垠、曾克等。李辉英利用这种便利，在和这些青年作家的交谈中，了解到他们的创作计划，刚好与张静庐的出版设想——"以短快的形式迎合民众日益高涨的抗战激情"契合，遂邀约他们进行创作，这就有了"战地报告丛书"。该丛书包括碧野的《北方的原野》、田涛的《黄河北岸》、张庆泰的《在西战场》、姚雪垠的《战地书简》、李辉英的《军民之间》、张周的《中华儿女》、曾克的《在汤阴火线》、黑丁的《沁河岸上》、石光的《鲁北烟尘》。

另外当时张静庐还邀请叶以群主编了一套"战地生活丛刊"。叶以群早年留学日本，回国后从事左翼文学运动，1932 年加入中国共产党并参加中国左翼作家联盟，任组织部部长。1938 年，武汉成为当时的文化中心，大批文化工作者从上海等地来到武汉。叶以群也是在这时从西安到武汉，参与中华全国文艺界抗敌协会的成立。张静庐便邀约他主编一套与抗战文艺相关的丛书，反映华北八路军的抗日战绩。刘白羽对于叶以群为张静庐的上海杂志公司编书曾经这样回忆："1938 年初，我从山西前线到武汉，人海茫茫，无处安身。忽然从报纸上里看到以群在给上海杂志公司编书，我就经过上海杂志公司的张静庐找以群……"① 得益于叶以群参与中华全国文艺界抗敌协会及之后参加作家战地访问团的约稿便利，上海杂志公司自 1938 年 3 月开始出版这套丛书，包括王余杞、刘白羽著《八路军七将领》，天虚著《两个俘虏》，刘白羽著《游击中间》，吴奚如著《阳明堡火战》，舒群著《西线随征记》，张天虚著《征途上》，陈克寒著《八路军学兵队》，罗烽的《莫云与韩尔谟少尉》，丁玲、吴奚如等编著的《西北战地服务团戏剧集》《西北战地服务团战地通讯录》。"战地报告丛书"和"战地生活丛刊"这两套书对当时武汉人民了解前线形势，了解共产党、八路军以及日本帝国主义的侵略行径，起到了积极作用。

除此之外，张静庐也出版了大量其他类型的抗战丛书及青年图书。"抗战报告文学选辑"包括田原等著《卢沟桥之战》，郭沫若等著《上海抗战记》，长江等著《西线的血战》（第一、二辑），景江等著《空中大战记》，何畏等著《平汉前线》，罗家伦等著《陷落后的平津》，华之国编《东战场上》《闸北血战史》，韩涛编《西北特区的战时总

---

① 叶周编著：《文脉传承的践行者：叶以群百年诞辰纪念文集》，上海三联书店 2011 年版，第 114 页。

动员》。"新军事学丛书"有凌青著《民族解放的战备和战术》，周安国著《被压迫民族战争论》，李鸿琼著《国防基本兵器讲话》、《民族解放战争基本军事讲话》，周静园著《抗日游击战术》。"国际战时丛书"有孙静工著《世界经济现状与展望》，黄东玄译《法国现状与人民阵线》，徐卓英著《世界资源与未来战争》，内田让吉著、宋斐如译《日本资本主义论战》。

1937 年抗战军兴，中山文化教育馆秉持"抗战到底，民族必兴"的坚强信念，刊行"抗战丛刊"。该馆研究部"平时根据总理遗教，研究国际上种种问题及复兴民族各种方案，对于敌人内部的问题及战时的各种策略，尤为注重。当此全面抗战发动的时会，我们不敢后人，是以有抗战丛刊之发刊……"[1] 其目的是供抗日民众及民众指导者参考。"抗战丛刊"由上海杂志公司总经销，远销汉口、成都、宜昌、长沙、广州、重庆、昆明、西安、武昌、梧州等地。包括严继光著《中苏合作抗日论》、宋斐如著《战时日本工业的危机》、张军厚著《日本是什么东西》、陈正谟著《战时粮食问题的解决方法》、林庚白著《抗日罪言》、卫惠林著《民族文化运动与战时文化》、杨汉辉著《为彻底实现三民主义而战》、唐荣慈著《日本财政危机》、吴绍鉴著《最近日本工业之社会危机》、宋斐如著《九国公约与我们应有的战斗》、陈正谟著《抗日必须的义勇军》、张君俊著《持久抗战敬告国民》、李景禧著《封锁海岸与对策》、卫惠林著《边疆民族问题与战时民族教育》、陈正谟著《日本铁蹄下的东北农民》。

不论是"大时代丛书"、"当代青年丛书"、"抗战丛刊"，抑或是

---

① 《抗战丛刊缘起》，宋斐如：《战时日本工业的危机》，中山文化教育馆 1937 年版。

"战地生活丛刊"、"战地报告丛书"、"新军事学丛书",这些图书要么如《全面抗战的政治形势》、《抗日游击战术》等介绍战争的形势、战术,指导人民抗战,要么如《阳明堡火战》、《西线随征记》等介绍抗战中的英勇故事,张静庐正是通过出版反映时代大局,记录时代进程,体现了一位出版人对民族抗战的贡献。

三、"每月文库"与戏剧图书出版

在纯粹的抗战丛书之外,张静庐在上海杂志公司迁往重庆、桂林等地后,也曾邀请创造社元老郑伯奇主编"每月文库"丛书。郑伯奇曾任职创造社、中国左翼作家联盟常务委员、良友图书公司编辑、《新小说》月刊主编,参编过《救亡》周刊,是中国左翼文学运动的开创者之一。1938年冬他赴重庆参加郭沫若主持的文化工作委员会工作,与张静庐在重庆相见,两人兴趣相投,便被张静庐邀约主编"每月文库"。

在张静庐眼里,出版应有时代特征,反映时代声音。郑伯奇在"每月文库"总序中也提及,"……抗战初期,因为战局的急剧变化,文化出版各机关在颠沛流离之中,文艺活动的一些良好成果没有能够有系统地被搜罗被流传被保存下来,这不能不算是一个重大的损失。如今抗战进展到了新的阶段。我们更要发动广大民众,增强抗战力量,以坚持长期抗战,争取最后的胜利。……像目前一般出版家对于文艺作品这样冷淡的态度,不仅文艺对于动员工作不能发生显著的影响,就是文艺自身活动也要受到严重的限制。有计划地有系统地搜罗优秀的文艺作品，继续刊行，普遍传播，这是时代对于出版界的要求"。这种时代要求，张静庐领会甚深，郑伯奇也看在眼里，他回忆自己"厕身文艺运动的行列，十有余年，终鲜成绩，殊深惭悚。当这抗战紧急的时期，自己既未曾'执笔从戎'，又未曾写成纪念神圣抗战的东西，若能搜罗推荐一些优秀作品，对于精神动员能尽一点微薄的责任，多少总可以问心无愧了"。而此时"适逢其会，上海杂志公司主人张静庐先生，站在出版者的立场上，也感觉到有系统地刊行优秀的文艺作品的必要。我们经过几次商量之后，便决定了编印这'每月文库'的计划。"①

与郑伯奇的合作，代表的是张静庐与左翼作家合作的出版路径。显而易见，与上海时期相比，张静庐内迁后的出版业务已与此前和施蛰存等自由派作家合作的纯文学路径大有不同。这一路径不仅延续了其自抗日战争开始后的出版转向，以出版为抗战呐喊，也实现了其抗战文艺的转向。

这种转向，首先是张静庐的个人选择。从个人特质来看，张静庐是一个积极参与社会的出版人。早在 1919 年，张静庐就曾参加救国十人团联合总会，同年 9 月又作为上海代表之一赴京参加七省请愿运动。抗战爆发后，张静庐的社会热情体现在出版上，便是抗战文艺的选择。1938 年出版的《在出版界二十年》中，他曾提及抗战时期出版内容转向的内部动因：

在抗战建国时代，我们需要有建设性的学术图书，国防性的

---

① 郑伯奇：《每月文库总序》，宋之的：《自卫队》，上海杂志公司1939年版，第1—3页。

专门典籍，也能够同平时一般源源地印出来。同时更从第一期抗战经验与教训中，建起新的理论来；从参加前线抗战工作，从实际生活的体验中，产生伟大的文学作品来；为要唤起全国民众的抗战情绪，发动民众自卫武力，编制通俗的大众读物来！这些都是有智慧的作家们的责任，也是贤明的出版家的责任。[①]

其次，张静庐转向抗战文艺，与他和左翼作家的关系密不可分。早在19世纪20年代，张静庐还在泰东图书局做编辑时，就和创造社的郭沫若、郁达夫、成仿吾等相互往还。1934年鲁迅指导由黄源主编的《译文》杂志复刊，张静庐负责印务工作。1935年张静庐主持的"中国文学珍本丛书"，阿英、戴望舒等左翼作家参与编辑或校对活动。这些个人交往，为战时张静庐与李辉英合作出版"战地报告丛书"，邀请郑伯奇主编"每月文库"，提供了良好的作者资源。

"每月文库"从1939年5月开始出版，每月一本，共21本。丛书有计划、有系统地搜罗优秀抗战作品，质量很高，既刊行戏剧诗歌小说，也刊行有历史性的实地报告和艺术性的通俗作品。其中包括16本在重庆出版的书，分别是陈白尘的《乱世男女》、宋之的的《自卫队》、老舍的《火车集》、章泯的《黑暗的笑声》、洪深的《包得行》、艾青的《他死在第二次》、洪深的《寄生草》、布德的《第三百零三个》、白朗的《我们十四个》、萧红的《旷野的呼喊》、田汉的《江汉渔歌》、臧克家的《淮上吟》、任钧的《后方小唱》、舒非的《死角》、于伶的《大明英烈传》、端木蕻良的《风陵渡》；5本在桂林出版，包括萧红的

---

① 张静庐：《在出版界二十年》，江苏教育出版社2005年版，第134页。

《呼兰河传》、宋之的的《转型期》、郑伯奇的《哈尔滨的暗影》、梅林的《婴》、凌鹤的《战斗的女性》。这些出版物，一方面避免了优秀作品在战乱或者时间的冲击下消逝，更重要的，是这些作品除了当时发挥着感染人、鼓舞人的作用，也成为了这一时期的珍贵记录。

对"每月文库"丛书，作家于伶曾这样回忆：

> 1940 年，郑老却通过一家书店带来了短信和他在内地主编的第一辑"每月文库"，还说决定把我为"孤岛"演出而写的《大明英烈传》编入"文库"。这三者我久久的铭感着他的深情厚意。一页纸短情长的信于我有如长途独行的踽踽旅人听到了振奋心情的"空谷足音"。10 本文库让我饱餐了分散各战地的同志们创作的硕果。至于这时我在特定的畸形环境中所写的几个剧本都只是特殊战斗的产物，带着孤岛演出条件的伤痕与烙印，自知这类成品的质量是很低的。郑老特地把其中之一选入他在内地编的文库，意在对"孤岛演剧"以及整个"孤岛文学"运动的重视与鼓励，我是既感激而又惶恐的。[①]

不过该套"每月文库"只出到第二辑就停止了，这与郑伯奇原来的计划——希望"文库能追随者抗战建国的巨轮，一辑又一辑地，长此继续下去"——有所出入，这也为郑伯奇留下了巨大的遗憾。而分析其停止出版的原因，也与张静庐有关，更与时代战局有关。郑伯奇曾在《沙上足迹——文坛生活二十年》中这样言道："抗战以来……为

---

① 于伶：《先驱者战斗的一生（节录）——缅怀郑伯奇同志》，王延晞、王利编：《郑伯奇研究资料》，知识产权出版社 2009 年版，第 276—279 页。

上海杂志公司所编的'每月文库'，还博得好评，可惜因为出版者资力不继，仅仅出版了二十部，便中止了。"[1]

抗战时期，需要用文艺的通俗笔调来做抗战宣传，再加上抗战时期戏剧运动蓬勃发展，"戏剧热"对剧本等话剧图书产生了极大的需求，在当时的大后方形成了话剧图书出版潮，戏剧成为这一时期张静庐的重要出版体裁。

张静庐对戏剧的关注，开始于五四时期。1921 年 5 月，张静庐与沈雁冰、郑振铎、汪仲贤、欧阳予倩等一起，创立民众戏剧社，创办了《戏剧》月刊，提出民众戏剧口号，要求戏剧为劳工们服务，在现代戏剧史上影响很大。到了抗战时期，这种民众戏剧理念，与战时的社会需求天然契合，成为张静庐出版体裁转变的重要原因。

抗战时期张静庐的戏剧出版以剧本为多，最重要的是"戏剧创作丛书"，收录老舍、宋之的著《国家至上》，萧军著《幸福之家》，陈白尘著《秋收》等名家剧本。另外洪深著《包得行》、《寄生草》，宋之的著《自卫队》，凌鹤著《战斗的女性》等剧作，张静庐都出版了单行本。这些剧本或是正面宣传抗战，或是讽刺社会现实，在国统区影响颇大，有力配合了战时以戏剧为中心的抗战文艺运动。

"戏剧丛刊"包括尤竞编《皇军的伟绩》，尤竞辑《大众戏剧》（第 1、2 集），宋之的著《罪犯》、《烙痕》，尤竞著《浮尸》，刘斐章编《抗敌独幕剧》，尤竞编《抗战报告剧》，田汉著《复活》，洪深著"农村三部曲"，张庚、铁颖著《爱与恨》。

"大时代丛书"也收录了戏剧类的书籍，包括集体创作，洪深执

---

① 郑伯奇：《沙上足迹——文坛生活二十年》，王延晞、王利编：《郑伯奇研究资料》，知识产权出版社 2009 年版，第 145—147 页。

笔的《飞将军（独幕剧）》，崔嵬、王震之著《八百壮士（三幕剧）》，安娥著《高粱红了（诗剧）》，田汉著《最后的胜利（独幕剧）》，田汉著《新雁门关（新歌剧）》，欧阳予倩著《梁红玉（抗战新歌剧）》。

剧本之外，张静庐还出版了一批戏剧知识理论的普及图书。"新演剧丛书"自1939年8月开始出版，包括章泯译述的《戏剧导演基础》《表演艺术论》《戏剧本质论》，葛一虹的《战时演剧政策》《苏联儿童戏剧》等。丛书之外还有不少单行本，如1939年的《苏联演剧方法论》《演剧手册》，1940年的《戏剧创作讲话》，1942年的《新演技手册》，1943年的《苏联演剧体系》等。

纵观这些戏剧图书，以剧本为多，他们或是有关抗战正面题材的创作，或是对于当时社会现实的讽刺，受到了当时民众的欢迎，有力地配合了当时以戏剧为中心的重庆抗战文艺运动。这些戏剧图书影响很大，如1939年5月出版的《演剧手册》，一年之内四次印刷，发行了8500册，在战时的出版界，这是一个不低的数字。《演剧手册》是一部标准的戏剧图书，包括艺术与宣传、论新悲剧、论新喜剧、演员的创造等内容，但出版目的，依然是为了抗战救亡。正如文中所言"今日的救亡演剧运动，不仅要视为辅助抗战的一种最有效的工具，且要视为将来戏剧运动的基石"[①]。也从出版体裁上，印证着张静庐的抗战文艺转向。

---

① 宋之的等：《演剧手册》，上海杂志公司1939年版，第7页。

四、关于文艺书刊的出版论战

抗战期间，国民政府相继出台了《修正出版法》、《关于确定文化建设原则纲领》、《抗战期间图书杂志审查标准》、《战时图书杂志原稿审查办法》等一系列法规、办法，强化对出版言论自由的控制。这样的出版控制政策在出版界引起极大风波，形成了抗战中期出版界思想的碰撞。作为当时著名的民营出版家，张静庐与时任国民政府中央宣传部编审科科长印维廉关于文艺书刊的出版论战就代表了当时出版界在民间与官方的交锋。

这场论战的起因，缘于1942年9月24日印维廉发表于《中央周刊》上一篇名为"出版物的营养和滋味"的文章。印维廉在文中提出，"在一切食物当中，有所谓维他命ABCD或者是蛋白质、脂肪质、淀粉质、钙质之类，这些就等于精神食粮中有所谓历史、地理、政治、哲学等等。至于书刊中的文艺书和软性书，那就相当于食物中的糖果点心之类。……糖果的味道再好些，总不是主要的食品，我们总不能拿它当饭吃。……我并不反对吃糖果，同样我也绝不反对读文艺书。不过他并不是营养最富的精神食粮，尤其是以趣味消遣为中心的文艺书。……我虔诚的向出版界朋友们呼吁，不但有毒性的出版品我们要拒之千里之外，就是营养太少的精神食粮，不论它的味道如何鲜美，还是不要收印"。在文中，印维廉不仅指出文艺书刊和软性书是空有滋味，没有精神营养的，还劝告出版界要少出这样的书，而多出有营养价值的出版物。

作为国民党代表的印维廉希望出版界响应政府号召，多出维护时局的实用之书，立场不难理解。但张静庐的出版生涯主要从事文艺出版。从 1920 年在泰东图书局主编《新的小说》杂志，到后来去光华书局和现代书局任职，张静庐都在和文学家打交道。1934 年 5 月，张静庐成立上海杂志公司，在代理全国杂志的同时，继续从事文艺出版。《译文》、《作家》、《中流》、《读书生活》、《文艺画报》、《文饭小品》等当时知名的文艺杂志，都由上海杂志公司负责印刷和发行业务。1935 年秋，张静庐邀约施蛰存、阿英等名家编纂"中国文学珍本丛书"，以"丛书杂志化，珍本大众化"、"为读书人节省买书钱，为图书馆减少采集费"为广告语，影响一时。到抗战时期，张静庐对于文艺的看法更是发生了改变，在张静庐看来，文艺不是风花雪月的个人抒情，而要从现实着眼；文艺出版更不是轻声吟唱，而要作用于现实，尤其在抗战时期，文艺书刊的出版应该有宣传动员的作用。

在以文艺出版起家的张静庐眼里，印维廉对文艺书的武断之论，除了是对文艺图书的否定之外，更是对文艺出版者的一种否定。面对印维廉在文章中的指责，站在出版界立场的张静庐也发表了自己的看法。在 1943 年的《文艺书刊不是糖果——为印维廉先生"营养论"而作》一文中，张静庐认为"文艺书刊不是糖果。相反地，却是老百姓们日常所最爱吃的青菜葡萄，含有多量维他命 ABCD 的营养食物"。认为文艺作品与文艺书刊除了最为大众喜爱之外，更"在战争期间为士兵民众最好的滋补品"。结合自己的出版实践，张静庐也提出文艺书刊在内容和写作方式上都应该有所改变。他认为此时真正的文艺作品应该以抗战作为主要内容，而不是"西游记封神榜七侠五义施公案旧小说"。"印先生在文中所举的文艺书的例子，什么梦，什么风，什么生活等流行的书，实在不能作为纯文艺作品的代表。"同时在写作方式上，认为应该用文艺通俗的笔调来讲述那些苦涩的、深奥的道理，来做全民族抗战的宣传。他还对近年来文艺出版者的工作进行了肯定："我们从事出版事业者，为求配合抗战宣传，正感觉五年来刊行文艺书刊数量的减少，比诸战前仅仅十分之二三而已。然而也幸而有这十分之二三的文艺书刊，在微少的流动资金中，艰难的印刷条件下，不断地刊行着，使文化水准较差的中国士兵与一般民众，还有书可读，有戏可看。否则恐怕到今天止，摆在读者面前的，还是一些陈腐的与抗战无关的西游记封神榜七侠五义施公案彭公案旧小说了吧。"[①] 驳斥了印维廉的观点。

这是张静庐作为出版界民间人士和以印维廉为代表的官方意识形态的第一次碰撞，双方就文艺书刊的营养和滋味、文艺书刊的范围和抗战时期的作用进行了观点的交锋，代表了抗战中期两种不同的出版思想。张静庐的文章发表后不久，1943 年印维廉又发表《检视当前的出版界》的文章，指出是"并答张静庐先生"以作回应。在这篇文章中，一方面，他指出自己的观点和张静庐在本质上是一样的，以此为张静庐对他的批评的回答。另一方面，他又提出当前出版界的三个问题：文艺书的产量太多、宣扬三民主义的著述太少、专讲逢迎取巧的"处世"书籍应当根除。面对印维廉的"答而不辩"，张静庐采用了辩而不答的方式，指出印文中的问题。1943 年张静庐又发表《关于"出版界动态"的几点意见》来回应。在该文章中，他指出印维廉是"坐在办公室里鸟瞰全国"，对于图书生产的分类并不精确，也不了解当下"有许多进步作家，为求文章的深入浅出，都或用文艺笔调写枯涩

---

① 张静庐：《文艺书刊不是"糖果"》，《天下文章》1943 年第 1 卷第 2 期。

的哲学，深奥的科学"的现状，造成了文艺书生产数字的扩大，其实是不对的；其次，他指出生产"有价值的政治经济史地科学书刊，不仅是应该而且是必要的"，这也是三民主义的原则要求，印维廉不能"以这样严厉的态度，严正的辞令来苛责民营出版家，忽略了民营出版事业的唯一生命线'发行路线'了"①。

同时，在这次围绕文艺书刊出版的论战中，双方也多次谈到当时出版人的角色问题。印维廉虽然在文章中肯定了出版界在抗战中所做的努力和贡献，但在出版与抗战、国家之间的关系方面，他则认为出版界并没有达到要求，并多次提出出版界存在的"投机"、"赚钱"目的。他认为"因为出版商与其他的商人到底不同，除了赚钱而外，国家还有一个重大的任务给我们。所以我们不能讲投机，投读者之所好；不必处处去猜摩读者的心理，迎合读者的兴趣"。他甚至认为，"如果出版家因为主义书籍的销路不佳，而拒绝收印，那个出版家就是只知投机赚钱，而不知国家民族利益的市侩"。

这样的批评直接否定了当时大部分出版人的努力，尤其是民营出版家，张静庐也多次为出版界进行辩护。在《文艺书刊不是"糖果"》一文中他说："因为一个真正献身于出版事业的人，是为传播文化而工作，为改进社会而工作，绝不是单纯地以赚钱为目的。自然，一个民营出版事业为维持其自身之生存及业务之开展，至少要做到不赔钱。但倘专为赚钱，而从事出版事业早非一条康庄大道，五四以来多少新书店先后歇业，这前车之鉴应该使以赚钱为目的者望而生畏。然而至于仍有人在极端困难中继续挣扎，先后历数十年辛苦而不发一声怨言

---

① 张静庐：《关于"出版界动态"的几点意见》，《天下文章》1943年第1卷第2期。

者，其目的至少不单纯为赚钱也明矣！"在《关于"出版界动态"的几点意见》中，面对印维廉的针锋相对，他更是直接指出，"市侩者，商人之趋于下流无耻者也。从事于特殊出版机构之工作人员，当然不是商人。不是商人就不会变成市侩的"。他始终认为出版商有比赚钱更重要的目的，民营出版机构是以发行作为"生命线"的，而印维廉不顾出版机构的"发行路线"，就认为出版商因为销路不佳拒绝收部分书籍，并称之为"市侩"，是在苛责民营出版家。

这场论战还涉及政府与市场在抗战出版中应该扮演的角色问题。当时作为国民政府中央宣传部编审科科长的印维廉，曾多次强调政府对于出版控制的必要性，并支持战时国民党出台的原稿审查办法，在1941年《战时出版界总检讨》一文，他就曾为原稿审查办法做辩护，他认为，"所以我们一定要造成一座坚强的堡垒，废止逆流的前进，扶植主流的发展，原稿审查办法就是适应这种需要而产生的"[1]。他更强调政府要实行有计划的指导，介入出版事业当中去。在这场论战中，他也以政府管理者的口吻奉劝出版界，认为"现在的出版品，还没有完全达成它应负的责任……在精神国防的前提下，我们的出版界应当赶快纠正过去的不良倾向"。

而张静庐则认为，出版事业应该以市场为导向，以"发行的生命线"来开展工作，同时他也认为"我们从事出版事业者，应该检讨检讨，自己出版中有没有一种不良的倾向？据我看来这倾向是有的，不仅不良而且带着很浓厚的市侩气了"。他还指出了三个出版界的例子，痛斥这种不良的行为，但不管怎样，他都希望出版界能够在对自我的

---

[1]　印维廉：《战时出版界总检讨》，《时论月刊》1941年第4期。

反省中，改善出版界环境和倾向。这样的考量与他民营出版家的身份有关，也体现了他对于整个出版行业的关注与关心。

五、新出版业统一战线与联营书店

抗战时期，张静庐积极参与建立新出版业统一战线。皖南事变后，国民党不断加紧对中国共产党领导下的图书出版业的破坏。1942年，周恩来在重庆对读书、新知、生活三家书店负责人黄洛峰等说书店务必要划分二三条战线，以便生存和斗争，避免更加严重的损失。于是，黄洛峰对整个出版战线进行了认真的考察和分析，认为必须团结所有受压制而对现状不满的出版社和书店，使大家以适当的形式组织起来，同国民党当权者进行合理合法的斗争。此后，黄洛峰就以生活、读书、新知三家书店为核心，开展了统一战线的工作。黄洛峰后来曾回忆：为了打开局面，我们着重在出版界搞统战工作，以"出版分工，发行合作"的口号，团结和争取中间书店，同国民党做各种合法斗争。[①]

1943 年 4 月，国民政府指定商务、中华、世界、大东、开明、正中、文通等七家书局成立"国定中小学教科书七家联合供应处"，作为全国中小学教科书的专门出版发行机构。为保障"七联处"的正常运行，政府规定这七家书局可以享受低价的配给纸、低息贷款等多项优惠政策。而其他中小民营书业，不但印刷用纸的价格高出配给纸价

---

① 汪耀华：《中国出版家·黄洛峰》，人民出版社 2019 年版，第 130—133 页。

的两三倍，而且印刷工价也较"七联处"高出许多，更不能享受银行的低息贷款，再加上高额的印刷品邮费和纳税制度，导致这些中小型民营出版机构的成本大大增加。同时纸价的不断上涨，令新出版业的书店、出版社面临巨大困难。当时重庆虽有书业公会、出版业商业同业公会等出版组织，但多为大书局把控，对以中小民营书业为主体的新出版业无济于事。针对新出版业面临的困境以及与国民党做各种合法斗争的需要，1943年夏天，张静庐协助当时实际主持读书、生活、新知三家书店的黄洛峰，串联了在重庆的文化生活出版社、群益出版社等13家出版社的代表人，以聚餐、座谈的形式，开展新出版业联谊会活动。

把以新书业为主的中小出版业联合起来，一直都是张静庐的愿望。早在1928年，张静庐就发出倡议，与沈松泉、王云五等一起组织互通消息、联络感情和争取权利的上海新书业同业公会。[①] 虽然上海新书业同业公会最终因未获官方批复而解散，但张静庐把中小出版业联合起来的愿望一直没有放下。因此1943年黄洛峰打算组建新出版业的统一战线时，张静庐积极响应，并发挥自己的人脉优势，积极动员新书业同人共襄盛举。

新出版业联谊会每月聚会两次，刚开始采用出版界同人座谈的方式进行，以联系倾向进步的中小出版业者。每次座谈都由黄洛峰主持，当时参加座谈会的成员包括上海杂志公司的张静庐、作家书屋的姚蓬子、教育书店的贺礼逊、建国书店的唐秉彝、五十年代出版社的金长佑等。座谈会每次会有中心议题，与会者根据中心议题发表自己

---

① 沈松泉：《怀念张静庐先生》，宋应离、袁喜生、刘小敏编：《20世纪中国著名编辑出版家研究资料汇辑》第4辑，河南大学出版社2005年版，第479页。

的意见和建议，会议内容从国内抗战形势到出版界的困扰，从反法西斯的国际形势到出版界的发展出路，无所不包。

经过约半年的酝酿，1943 年 12 月 19 日，生活书店、读书出版社、新知书店、峨眉出版社、上海杂志公司、作家书屋、五十年代出版社、华中图书公司、文化生活出版社、文化供应社、群益出版社、国讯书店、教育书店等 13 家出版机构联合成立了"新出版业联合总处"，公推黄洛峰为董事长，张静庐为总经理，联合总处地址设在民生路华中图书公司旁楼上。①"新出版业联合总处"由各家出版社的经理担任代表，每半个月或一个月开一次代表会，由黄洛峰、张静庐分别主持，商讨新出版业面临的种种问题。

新出版业联合总处是中共中央南方局在重庆出版界的爱国统一战线组织，它成立之后，首先致力解决中小书局发行难的问题。民国时期出版业中，除了商务、中华、世界、大东、开明等大书局拥有独立的发行机构外，绝大多数中小书局的发行渠道不完整，成为制约中小书局发展的瓶颈。为解决新书业发行渠道之困，1944 年春，"因有感于个别发行的人力、物力的浪费，多数同业都认为有成立联合发行机构的必要"②，新出版业联合总处第九次代表会议决定开设联营书店，实行"出版分工，发行统一的方针"，联营书店集体刊登联合广告，编印联合书目，联合销售图书，以抱团取暖的方式解决发行渠道不畅的困难。第一家联营书店于 1944 年 5 月 1 日开业，设于重庆林森路，

① 《重庆出版志》编纂委员会：《重庆出版纪实 第 1 辑 出版界名人、学者、老前辈的回忆录》，重庆出版社 1988 年版，第 234 页。

② 参见张静庐：《新出版业联营书店第五节股东大会的报告》，转引自《生活书店史稿》编委会编：《生活书店史稿》，生活书店出版有限公司 2013 年版，第 283 页。

经理贺礼逊（后为仲秋元），开业时股东增至21家。① 同年8月，张静庐、万国钧又组织成都联营书店，王畹芎任经理（后为孙明心），地址设在成都祠堂街。② 联营书店开办之后，"颇受读书界的推崇，更为出版同业所重视"③，彰示着张静庐作为战时国统区中小出版业领袖的实绩。

随着联营书店模式的成功，1944年9月9日，"新出版业联合总处"改组为新出版业联营书店股份有限公司，参加者增至27家，张静庐被公推为董事长，黄洛峰、姚蓬子等四人当选常务董事，选举唐性天等三人为监事，薛迪畅、陆梦生为协理，万国钧为总会计，方学武为秘书。抗战胜利时，股东单位发展到33家，并于1946年春开办汉口联营书店，④ 但该店只是借用"联营书店"之名，实为三联书店武汉分店。联营书店模式之于中小出版业的意义，正如有学者所言，联营书店形成了大西南发行进步书刊的中心，每个中心的周围地区，横纵联系着众多发行所、站、点，从而形成了大后方的发行网，⑤ 可为确评。

抗战胜利后，联营书店总管理处由重庆迁往上海，从这时起，直到1949年，作为联营书店董事长的张静庐一直在武汉常住，并发挥

---

① 《重庆出版志》编纂委员会编纂：《重庆市志 出版志 1840—1987》，重庆出版社2007年版，第409页。

② 成都市政协文史学习委员会编：《成都文史资料选编 抗日战争卷（上）救亡图存》，四川人民出版社2007年版，第399页。

③ 参见张静庐：《新出版业联营书店第五节股东大会的报告》，转引自《生活书店史稿》编委会编：《生活书店史稿》，生活书店出版有限公司2013年版，第283页。

④ 范用：《战斗在白区：读书出版社（1934—1948）》，生活·读书·新知三联书店2001年版，第357页。

⑤ 陈汝言：《关于新出版业联谊会》，中国人民政治协商会议江苏省暨南京市委员会文史资料研究委员会编：《江苏文史资料选辑》第17辑，江苏人民出版社1986年版，第35页。

自己的作用。每年 9 月，联营书店总管理处会在上海召开股东会，张静庐都会去上海参加。1949 年 9 月，联营书店举行第五届股东大会，张静庐作为董事长对联营书店六年的工作作了简介，叙述了联营书店创办六年的经过，和新出版业联合总处在抗战期间与国民党反动派开展反压迫运动的史实。

同样，本次会议作为扩大组织的第一届股东和成立六周年纪念会，董事长张静庐指出，"在新形势下联营书店组织基础有其必须扩大的客观要求，各出版同业对于过去的联营书店也要有新的认识与估价"[①]。在此基础上，张静庐作为管理者，整肃了联营书店组织，清退 10 家书店，吸引了 19 家出版单位加入，确立了"出版分工，发行统一"的工作任务，将总管理处置于上海四马路旧正言报馆原址开始办公。新中国成立后，联营书店常务董事会主动呈请政府投资，于 1950 年 12 月 16 日由私营企业改为公私合营性质，[②] 后又于 1951 年 1 月 1 日与三联书店等联合成立中国图书发行公司。从成立至结束，联营书店作为中小新书业联合的发行机构，一直发挥着它在图书发行方面的作用，张静庐也在其间显示了其出版发行的才能和中小出版业界领袖的姿态。

---

① 《出版分工·发行统一：联营书店扩大组织，昨开首届股东大会原有十家退出，新参加十九单位》，《大公报》（上海版）1949 年 9 月 11 日。

② 《出版总署关于联营书店由政府投资改为公私合营的通报》，中国出版科学研究所、中央档案馆编：《中华人民共和国出版史料（1950 年）》，中国书籍出版社 1996 年版，第 757 页。

六、中小出版企业的代言人

在创办联营书店等举措之外，张静庐还多次在报纸撰文，以个人身份或新出版业联合总处的名义为中小出版企业发声呼吁。

1943 年 2 月 22 日，国民党中央出版事业管理委员会邀请重庆出版界代表、文协代表及有关方面举行谈话会，就战时出版方案及修正出版法提供建议。包括商务印书馆、正中书局、上海杂志公司、作家书屋、世界书局、开明书店、华中图书公司、中国文化服务社、文化生活出版社、独立出版社等在内的出版单位、文协及国民党中宣部、教育部、内政部、图书杂志审查委员会、文化驿站等机关代表参加。在座谈会上，张静庐、老舍、姚蓬子、史久芸、唐性天、印维廉等针对战时出版问题发言，讨论问题主要围绕：（一）暂定文字发表费至少千字三十元，出让版权者酌量提高之；（二）版税率暂定为百分之十五，照出版地实际售价计算，再版则酌量提高之（文协提出之要求为再版至少百分之十八）；（三）除教科书外，若不得作者之同意，不得随意编选现成作品，致侵害作者权利；（四）书店倒闭时作者得无条件收回版权。（五）要求邮政当局减低邮费，加速寄递，以利文化沟通这一严重问题。[1]

1944 年 3 月 27 日，重庆《大公报》发表社论《物价与文化》，感慨"行行有饭吃，著书必饿死"[2]。叹息之音未绝，一年之内，纸价又连翻四倍多，从 1944 年春节前后每令 1200 元，涨到 1945 年 4 月的

---

[1] 《文坛杂碎之四》，《文坛》1943 年第 2 卷第 1 期。

[2] 《物价与文化》，《大公报》（重庆版）1944 年 3 月 27 日。

每令 5200 多元，^①使得新出版业举步维艰。为此，1945 年 5 月 2 日，张静庐、金长佑、黄洛峰、姚蓬子等联合署名，在桂林《大公报》发表《出版界的困难》，文中指出："目前从事出版事业者，能勉维开支已属难能可贵。其中大多数或濒破产，或将休业于无形。"面对这些困境，张静庐等人提出了几种解决方案："著述者作家每虞生活不给，应请政府平价供应日用必需品，以减生活重压"，"拟请政府仿工农业贷款办法，对经营出版事业者，举办文化贷款，由各出版家迳向四联总处申请借贷"，"凡属书刊寄递，应受优待"，"吾人愿一再向我财政当局呼呈，所有书业营业税，请仍依过去办法，按资本额征收，以苏商困"，"闻重庆一部分报馆得享受平价纸张之供应，出版业亦应请援例嘉惠"，"印刷工业亦应请予救济优待，免致文化粮食生产无门"^②。这篇文章通过几位出版人的视角反映了当时出版界面临的困难，同时也提出了七条改善的办法，文章发表之后，引起了不少出版人士的共鸣，也得到了广大社会人士的同情。

6 月 14 日，《新华日报》刊登郭沫若起草的《出版业紧急呼吁》，包括张静庐及其上海杂志公司在内的 29 家新出版业单位在呼吁书上签字，反映出版界面临的困难。文章提出，"战时出版业因受物价狂涨影响，已濒毁灭，无法继续维持，我人敬向政府、社会、读者，提出沉痛之呼吁！"^③文章提出了出版界成本飞涨与书籍定价的矛盾，"排工较战前涨两千倍，印工涨三千倍，纸型五千倍，装订三千倍，浇版

---

① 《纸价狂涨，文化事业困难》，《新华日报》1945 年 4 月 30 日。

② 张静庐、金长佑、黄洛峰、姚蓬子、田一文、唐性天：《出版界的困难》，《大公报》（桂林版）1945 年 5 月 2 日。

③ 《出版业紧急呼吁》，《新华日报》1945 年 6 月 14 日。

八千倍，熟料土纸与报纸涨三千倍，而书籍定价约只涨七八百倍。试问成本定价悬殊若是，出版何以维持。且精神食粮之充盈、健康与否，果为衡量一国文明之标准。物质生产落后之中国，在战时更需要精神武器之支持。"他们向国民政府提出四点紧急要求，包括"1.请经济部明令日用必需品管理处对各出版家一律供应平价纸张，以利文化事业。2.印刷价格应由出版业同业公会会同印刷业同业公会公开评定，不得无限制狂涨，甚至巧立名目，制造黑市。3.请交通部明令邮政当局恢复印刷品寄递办法，取消教育图书小包及100公分小包，以减轻读者负担。4.财政部明令各国家银行，设立出版业文化贷款，俾得周转资金，以延残喘。"在舆论压力下，6月30日，国民党中央宣传部专门邀请29家出版社和其他相关机构商讨出版业问题。

1945年7月11日，张静庐又在《新华日报》第二版刊登《出版工作者往哪里去?》，讨论重压之下中小新出版业的发展路径。文章开篇张静庐指出，"今天，出版业（尤其新出版业）的确已经到了山穷水尽的境地了。抗战八年来，除武汉时代昙花一现之后，一直在走着下坡路"。尽管发展不利，时局艰辛，"不过一个真正献身于出版工作的人是不会向任何人乞怜的。一个真正献身于出版事业的人，也不会中途转行"①。这样的表态，以及要求国民政府采取措施维护出版业权益和出版从业者利益的呼吁，都超越了张静庐的个人立场，显示出一种中小出版业界领袖的姿态。

在为中小出版企业生存困境发声呼吁的同时，这一时期张静庐与其他进步人士还一起呼吁出版言论自由，反抗国民党的文化管制活

① 张静庐:《出版工作者往哪里去?》，《新华日报》1945年7月11日。

动。抗战时期，国民党政府颁布了一系列针对出版业的法规和审查办法，尤其是 1938 年后相继颁布的《修正抗战期间图书杂志原稿审查办法》、《战时图书杂志原稿审查办法》、《战时出版品审查办法及禁载标准》等，对出版业进行严格的审查和查禁，这严重影响了当时出版事业和进步文化事业发展。为了粉碎国民党在国统区对文艺界的文化管制和迫害，周恩来曾建议国统区进步文化人举行一系列的纪念活动，宣传他们的斗争精神，号召广大文化人士同黑暗统治作斗争，反击国民党的文化压制。

1941 年 11 月 16 日，中华全国文艺界抗敌协会庆祝郭沫若诞辰和创作生活 25 周年纪念活动举行，重庆各界 3000 多人参加庆祝活动，有力地揭露了国民党的罪行，宣传了反抗专制的精神。这次活动的成功，让进步的文化界寻找到了有效的抗争手段，之后在 1941—1945 年，重庆文化界相继举办了洪深 50 寿诞、沈钧儒 70 寿诞、张静庐从事出版活动 25 周年、老舍创作生活 20 周年等庆祝活动，团结进步文化人士，反抗文化专制。1943 年 1 月 19 日，为纪念张静庐从事出版活动 25 周年，洪深、茅盾、老舍、夏衍、姚蓬子、曹靖华、张恨水等旅渝文艺界、戏剧界、新闻界、艺术界 25 人发起征文征画活动，刘念渠创作了《六年来的中国战时演剧》，董必武亲自为张静庐题诗："铅椠辛勤廿五年，文坛几见斗芳妍。是真名著千秋业，拣选刊行世始传。"[1] 叶圣陶也曾为张静庐作诗一首："文学革新廿五年，君之业书与齐焉。其间作者后并先，君乃罔不与为缘。经营惶恤心力瘁，若此专攻良足贤。而君豪志殊未已，方将奋翮益

---

[1]　董必武法学思想研究会编：《董必武诗选》新编本，中央文献出版社 2011 年版，第 125 页。

高骞。战时出版难登灭，务欲胜之如攻坚。不徒独善求自全，领袖群伦策共前。其功不在将士下，精神堡垒耸巍然。他日书林谈掌故，君乎君乎百世传。"对其进行了高度称颂，这些活动都团结了当时重庆的文化界人士。

此外，这一时期重庆书业界针对国民党的独裁统治以及在文化出版方面推行的高压政策，展开了攻势，[①] 而 1944 年 5 月 3 日重庆整个文化界要求取消新闻、图书杂志和戏剧演出的审查制度的斗争，也将这场出版自由的抗争推向了高潮。这场重庆文化界 50 余人在百龄餐厅的茶话会，形成了一份《重庆文化界对言论出版自由意见书》。

这份《意见书》之后，重庆文化界和出版界人士又拟了一份《请愿书》，向中国国民党十二中全会提议，包括张静庐在内的来自文化界、出版界的 78 位名人署名，既有郭沫若、老舍、茅盾、洪深等著名作家、学者，也有黄洛峰、张静庐、姚蓬子、仲秋元等出版界人士。请愿书提出，"一、取消图书杂志及戏剧演出审查制度。二、杂志一面出版、一面登记，在登记证未发下以前一律准行邮寄。其既经出版，不得借故吊销登记证，或停止发行，过去因故停刊之杂志，亦得复刊。三、书刊出版之后，非经法律手续，不得禁止发行，各地军政当局不得禁扣书刊，干涉演剧。四、严令各地当局切实遵守法令，保障言论出版自由。五、以前未经通过而被扣留之一切著作、戏剧，除破坏抗战建国，违反民族利益者外，应请一律发还原稿，并解除禁令"。这样的呼声，有力地促进了出版界和文化界的团结，对于争取言论出版自由起到了极大的作用。1945 年 10 月，反民主的《战时图

---

① 徐伯昕：《在艰苦战斗中建立的团结》，上海市出版工作者协会《出版史料》编辑组编辑：《出版史料》第 1 辑，学林出版社 1982 年版，第 8—11 页。

书杂志原稿审查办法》终于被迫废除。

七、我是"出版商"而不是"书商"

从进入出版界开始，张静庐就一直从事于出版事业，从泰东图书局、光华书局、现代书局、上海联合书店，到上海杂志公司，在出版界的经历也让张静庐对自己的身份有了清楚的认识——自己是一个"出版商"而非"书商"。

对于出版商和书商的区别，张静庐曾经有过仔细的区分，在其1938年出版的自传《在出版界二十年》中，他认为书商是以出版为手段而达到赚钱的目的，出版商则是以出版为手段，而图实现其信念与目标而获得相当报酬者。他始终认为，"出版商人似乎还有比钱更重要的意义在这上面"。而这就是出版作为一项文化工作，对于整个民族和国家所具有的特殊功能。虽然如今看来，出版具有的经济属性和社会属性已经被广泛接受，但在20世纪三四十年代，这样清楚的出版属性认知确为难得。

1938年，张静庐已经在出版界生活了近20年，他也深知"我所负的责任的艰重，文化工作影响于民族社会的重大和深远"。他始终认为自己是"一个出版商而不是书商"，而这也是张静庐希望别人对于自己最低限度的了解和认识。"我们——一切的出版商人——都应该从这上面去体会，去领悟。"

用张静庐的话来说，虽然书商和出版商之间是一条"差之毫厘谬之千里"的分界线，他却非常注重其中的区分。而这一切也可能源于张静庐对于商人的体认。1939 年张静庐在《大风》（香港）中发表《聊天：记一位新商人的谈话》就表达了自己对于抗战时期商人"发国难财"行为的不赞同。虽然整篇文章他并未明确表示自己的观点，仅仅记述了部分商人的谈话，但却在字里行间透露出这种信息。在谈话中，张静庐记述新商人开口就说抗战是绝好的发财机会，"这次抗战，就是绝好的机会，在商言商吧，假使你连这样好的机会，大的机会都不抓紧它，利用它，那你要想发财，——多几个钱儿，这一生你就休想！"在做买卖中，新商人抱定主意要抬高物价，"我从去年起，就抱定主意，所有的货，不达到超过对本利息以上是绝不出卖的。好在我们存的货，既不是水果，又不是鲜鱼，不怕烂，不怕腐臭，多积存几天没有关系"。为了发财，还要囤积日用必需品和建设必需品，"你以为这些都是日用必需品，或是建设必需品，就不该囤积，不该抬高卖价吗？那你根本就不配做生意，还谈什么买卖"。文章的最后，张静庐指出这是一种"似是而非的'爱国理论'"，他还认为在抗战时期的"商界中人抱着像他一样的见解的，正不知有多多少少哩"①。

虽然整篇文章并未谈及抗战时期出版人的责任，但对于商人投机囤货，发国难财的行为他却是极不赞成的。在张静庐看来，抗战时期，每个行业都应该担负起自己的责任和义务，出版人更要担负起自己的文化责任，生产有建设性的学术图书、国防性的专门典籍、伟大的文学作品、能唤起全国民众抗战情绪的大众读物，而商人阶层的这种行为他是不齿的。这也就造成了他对于"书商"和"出版商"的明确区分。

---

① 张静庐：《聊天：记一位新商人的谈话》，《大风》（香港）1939 年第 34 期。

在张静庐的文章中，除了上文对于自身的体认外，他还多次重申自己关于"书商"、"出版商"的观点。1943 年 10 月，张静庐在商务印书馆总管理处向研究生讲话时，也曾再次提及这个问题，"我是一个出版家，而不是书商。出版家与书商的分界线，不但社会上一般人不明白，就是多数的书店从业员也往往没有将它弄清楚。现在我想给它下个定义，我以为以出版为手段而达到赚钱目的者为书商，以出版为手段而图实现其信念与目标而获得相应报酬者为出版家。其演出的方式相同，而其出发的动机完全两样。我们以从事出版为终身职业的人，应该从上而去体会去领悟"①。

1945 年 3 月在《战时成都出版业：在重庆新出版业同人茶话会讲》一文中，张静庐重申自己的观点，"以出版为手段而达到赚钱的目的者，这是书商，而不是出版家。就我在成都一个半月时间所接触者说，书商是多过出版家"②。这篇文章是张静庐在新出版业联合会茶话上的讲话，这样的话语不仅仅在提醒自己，也从侧面体现了他对于整个出版业情况的关照和期许，他希望出版界能够有更多的出版商，而不是书商。

张静庐认为出版商是要有一定的文化责任的，1945 年 7 月其发表的《出版工作者往哪里去？》，也体现了他作为出版家的文化责任感。抗战以来，连绵不断的战事对出版业的打击非常惨烈，许多出版机构在战火中化为灰烬，而此时物价飞涨，印刷工料价格的暴涨，更是让

---

① 张静庐：《一个小书店的初创经过：在商务印书馆总管理处向研究生讲话》，《出版界》（重庆）1944 年第 1 卷第 2 期。

② 张静庐：《战时成都出版业：在重庆新出版业同人茶话会讲》，《出版界》（重庆）1945 年第 2 卷第 1 期。

出版界雪上加霜。面对如此艰险的生存环境，张静庐依然号召广大出版工作者不要放弃，守住初心。在谈及中小出版业面临的困境时，张静庐毫不客气地批评了不少出版业脱离大众的倾向：

> 自己切实探讨一下，从五四到现在，且多年的辛劳，究竟得到了多少成果，除了几处大城市，我们不妨去看看内地的县镇乡村，农民手工艺人小市民们所看的是些什么书？他们所需要的是什么？而我们所刊印发行的又是什么？牛头不对马嘴，这其间的距离何尝十万八千里。

结合当时的文艺界热议的文艺大众化思潮，张静庐给出版业开出了药方：

> 如果说，文艺应该大众化，文章应该入乡、入伍，那么，从事出版工作者更需要齐一步伐，由近及远，由浅入深，由地方性而一般性而专门化。只有人民大众所接受的精神粮食，才有广大的销路，才是源远流长的事业，才算是我们出版工作者尽到了文化运动的职责了。[1]

他提出文章要入乡、入伍，提供人民大众所接受的精神粮食。张静庐这样说，他也是这样做的。张静庐出版的文艺作品如《旷野的呼

---

[1] 张静庐：《出版工作者往哪里去？》，《新华日报》1945 年 7 月 11 日。

喊》、《乱世男女》等，大都售价低廉。^① 同时在内容选择上，也以大众内容尤其是大众化语言的叙述为多。可以说，大众化的出版路径，既是出身贫苦的张静庐的感同身受之举，也是他认为出版业的一个归宿。

---

① 《战地书简》售价 5 角，《旷野的呼喊》售价 9 角，见陈白尘：《乱世男女》，上海杂志公司 1939 年版。萧红：《旷野的呼喊》，上海杂志公司 1940 年版。

第五章

战后与出版总署生涯

抗日战争胜利后，1946 年 1 月，张静庐从重庆到达武汉，3 月 24 日，上海杂志公司也已经在武汉复业，地址就位于汉口交通路上。从抗战胜利到新中国成立前夕，张静庐的出版社会活动主要围绕新出版业联合总处和汉口、上海两地的出版同业进行，开展民主统一战线活动，继续为出版事业奋斗。

1949 年 5 月，上海、汉口相继解放。张静庐于 8 月间由汉口到上海，在上海重新开始自己的出版活动。从 1937 年内迁，到 1949 年回上海，12 年的时间，已经让张静庐从一个单纯的出版家，成长为中小出版业的领导者。重回上海之后，他担任上海出版工作者协会筹备会副主任委员，担任上海出版业华北、东北参观团团长，参与举办苏联文化代表团团员欢迎活动，参与举办通俗出版业学习演讲班等，积极为出版界发展出谋划策，为新中国出版事业贡献心力。这一切活动，都围绕上海出版工作者协会筹备会进行。

一、战后参与民主统一战线活动

抗战胜利之后，在各大出版机构纷纷从重庆迁回的过程中，生活书店、读书出版社、新知书店为了集中力量开展战后出版工作，也开始在新收复的各大城市恢复或新建三联书店。在武汉，为了防备国民党的阻力和破坏，三联书店以联营书店名义在汉口设店，积极宣传马列主义，发行进步书刊，并于1946年春天开始营业。

当时的汉口交通路上，集中了十几家书店，包括联营书店、上海杂志公司、开明书店等。联营书店作为党的出版事业，与当时的许多书店建立了业务上的联系，开展代销活动。主要代销的图书包括开明书店、上海杂志公司等出版的书刊，也包括商务印书馆、中华书局出版的学术书、工具书和武汉很少出售的出版物，除此之外还有三种特殊的出版物，包括莫斯科版的苏联书刊，重庆出版的毛泽东著作等党的出版物，香港和上海出版的揭露国民党黑暗、歌颂解放区的刊物。同样作为新出版业联合总处成员的上海杂志公司，与联营书店的关系之密切更不用说，为其建设和发展提供了很多支持和援助。

1947年5月，北平、上海等地相继爆发反内战反饥饿宣传和游行，遭到了国民党军警的镇压和殴打，5月20日更是发生了令人震惊的五二〇惨案。为了镇压群众运动，国民党政府下令于6月1日在各大城市进行逮捕行动，武汉发生六一惨案，与此同时武汉警备司令部搜查汉口联营书店，逮捕经理马仲扬及金思明、尤开元、王仁林、李行方、宋禾6人，书店被迫暂时停业。

为了营救被捕员工，黄洛峰来函拜托张静庐营救被捕者。张静庐作为新出版业联营书店股份有限公司董事长和联营书店总经理，联合汉口十家书店（上海杂志公司、文化生活出版社、华中图书公司、开明书店、商务印书馆、中华书局、世界书局、大东书局、龙门书局、新亚书店）联名具保，积极出面交涉，营救被捕人员。最后，在张静庐及书业同人的努力下，在武汉书业公会理事长王龙章的帮助下，成功保释马仲扬等6人，发挥着民主统一战线的作用。

在复业武汉出版事业的同时，张静庐除了参与民主统一战线活动外，也与武汉书业公会关系密切，经常受邀为同业开展讲座培训，积极为出版事业发展贡献力量。1947年9月15日，《读书与出版》杂志第九期就发表张静庐在汉口书业工会的讲座培训文章——《一本书的诞生：在汉口书业公会讲》①。在该演讲中，张静庐主要介绍了一本书的生产过程，他根据自己多年的从业经验，将其分为交稿、付排、校样、装订四个阶段，并分别介绍了不同阶段的工作及注意事项。

他认为，交稿是书籍生产的第一步，由编辑部完成。一部书稿的完成一般有四种不同的方式，一是编选，是将别人著述的文章或文件法规，经编者一番选择和整理，自己除在卷前写上一篇凡例或旨趣外，不另补充意见；二是编著，编著虽然也是选辑前人的文章，但是经过编者的注释或考证，可以取得著作权，还包括以自己的著述为

---

① 张静庐：《一本书的诞生：在汉口书业公会讲》，《读书与出版》1947年第9期。

主，而部分的采取别人的作品作为示范；三是撰述，书稿完全是自己的著作或演讲；四是翻译，翻译有直译与重译二种，直译是依据原文翻译的，重译即间接译，是将另一国的译本拿来再译。

编辑部交稿完成后，就交给出版部，由出版部视其内容和分量，规定版本的大小和排式，对书稿进行付排。不同的书籍，一般对书籍开本的大小要求不一，学术性的著作多排 23 开本或 25 开本，文艺小品多排 32 开本或 36 开本。还有一种袖珍本，也称巾箱本，书籍版式在 36 开以下。一般那些为图携带便利，分量较少，或因实用关系的书多印袖珍本。

排版一般分为横排和直排（竖排）两种，大多数采用直排方式，凡英文理化算数歌曲等书籍，因有字母与公式曲谱关系，宜于横排。对于一版的行数和字数，出版界已经形成内在规范，通常 32 开本为 12 行 36 字，中缝页码分排上下；或 12 行 38 字，中缝页码排在边上。特殊的情况是，抗战期间因纸张来源缺乏，版口都特别放大，有老 5 号字排 17 行 40 字，新 5 号字排 19 行 44 字，名为"战时版"。这种"战时版"书籍，一般用新 5 号字，印在土报纸上面，模糊不清，在灯下阅读则显得非常吃力。

中国的书版排字技术，创始于美华书馆，迄今已有 90 年的历史。以 5 号字计算，共有 7014 字，分装 88 盘，其中有 24 盘所放置的是常用字，计有 844 字，称为"二十四盘头"。其余的 64 盘，称为"部位盘字"。倘遇有原稿上比较罕见或较深奥的古体，则须另刻。铅字的放置，向来是采用部首检字法，后有四角号码检字法。铅字的大小，有头 234567 号之分，更有新老之别，如新 4 号老 4 号新 5 号老 5 号。新闻杂志上用作标题广告的，则更有特 4 行、特 7 行、特 10 行等大型铅字，排书版是用不着的。字体的种类，除经常用的老宋体外，又有黑体、正楷、仿宋三种。黑体是方形的。正楷创始于汉文印刷所，所以称为汉文正楷。仿宋除普通常见的仿宋体外，还有三家专用字体：华丰印铸所的真宋体、商务印书馆的北宋体、中华书局的聚珍体。

在付排阶段，一般校样也同时进行，这样做是为了保证书籍出版的速度。校样一般为三校，但也有更多的四校五校，甚至更多。一校因为检字不全或待刻的字较多，一般归印刷所自己校对。第二校则由印刷所送至出版部，校对之后再送还印刷所，印刷所照已经校出的错字改正后再送出版部，这叫做第三校。普通的书，一般第三校后就可付印。校样付印后，排字房将书版送给纸型间打制纸型。再浇成铅版送交机器房钉装木板，上机器印刷。之后，书版被退回排字房，拆散归还原来的字盘。不过有些较大的印刷厂已采用电炉制字，不再还架，将排完铅字重新熔化，另制新铅字。

付印后就进入装订阶段，装订有打洞、穿线、锯背、缝机、铅线之分，普通一般用书大都是用"打洞订"的；篇幅较厚的书，为求阅读时的方便，多用"穿线订"；再厚的精装本，则用"锯背订"；教科用书须用缝机钉，以其快速而且坚牢；薄本的小册子，用铅线订。但铅线容易发锈，有损封面美观，很多书籍不会采用。在装帧方面，则要注意封面图案的设计要与书的内容互相配合，最低的限度是使读者看了不感觉恶俗，丛书除要注意上面原则外，还需要选用花衬叶和扉书。

除了对书籍生产过程中不同阶段及注意事项进行介绍之外，张静庐在演讲中还特别注重借用出版界的实例进行讲解，这样既增加了从业者对出版知识的了解，也介绍了出版界的先进经验，对出版业同业基础知识和技能的提高都具有重要作用，而这些都是他在出版界摸爬滚打多年积累的实践经验。

二、参与上海出版工作者协会筹备会

1949 年 6 月 29 日，上海解放一个月之后，上海的新出版业假座八仙桥青年会九楼，举行"解放后第一次聚餐会"，此时张静庐还未回到上海，并未参加。但在这次会议上，同业单位和代表都觉得为团结出版工作者，有组织"出版工作者协会"的需要。后经三个月的聚会讨论，1949 年 9 月 30 日，上海出版工作者协会在八仙桥青年会九楼召开全体发起人会员大会，决定成立筹备会。这次会议与会代表 78 人，张静庐作为新出版业代表参加。这次会议上通过了章程草案，卢鸣谷、张静庐、吉少甫、徐启堂、储祎、方学武、刘季康、王德鹏、谢仁冰、金兆梓、王子澄、范洗人、吕叔湘、董秋斯、姚蓬子、万国钧、张明养、陈原、叶水夫、叶籁士、胡水萍 21 人被推举为筹备委员会的筹备委员。

1949 年 10 月 10 日，上海出版工作者协会筹备会召开第一次会议，张静庐担任这次会议主席，主持会议。这次会议决定向北京毛主席及中央出版总署发送致敬电文，并聘舒新城、曹冰岩两先生为组织委员。会议还讨论了筹备委员会的组织，卢鸣谷担任上海出版工作者协会筹备会主任委员，副主任委员有张静庐、吉少甫。下设机构中，秘书股包括吉少甫、徐启堂、储祎，组织股包括张静庐、方学武、刘季康、胡水萍、王德鹏。此外还设有研究股和宣教股，会议地址暂设福州路联营书店总管理处。

10 月 13 日，上海出版工作者协会筹备会召开第二次筹备委员会，张静庐作为副主任委员参加了该次会议。会议决定筹备欢迎苏联文化艺术科学代表团，并举行通联学习演讲班。10 月 14 日，上海出版工作者协会筹备会在《解放日报》上发表文章，欢迎苏联文化、艺术、科学代表团访沪；10 月 16 日，包括张静庐在内的全体发起人和会员参加在逸园举行的欢迎苏联文化、艺术、科学代表团大会。10 月 18 日，由出版委员会领导，在南京大戏院邀请代表团德奥米洛夫先生（苏联国际书店经理）出席演讲《苏联出版概况》，这次演讲上海有出版印刷工作者 1300 人到会。10 月 20 日，上海出版工作者协会筹备会还赠送代表团图书 404 本，作为中苏文化交流的一部分。

上海出版工作者协会筹备会主办的通俗出版业学习讲演班于 10 月 24 日，在新出版业联营书店三楼举行开学式，包括编辑、职员等从事出版业的 150 多人参加了学习。在开幕式上，张静庐对于上海出版工作者提出了警醒，他认为"今天参加学习的都有一共同的感觉，就是怎样跟上时代，他的出版物怎样与时代配合起来，而为人民服务，为大多数的人民利益而工作。作为一个出版者，如果他的思想跟不上时代，毫无疑问地他将被时代的巨浪所淘汰"。自 10 月 24 日至 28 日，卢鸣谷、张静庐、姚蓬子、金兆梓、黄源、王益等分别作了《三大文献——共同纲领、文教政策》《怎样做一个出版工作者》《新出版业史略》《怎样搞通俗读物》《关于改革通俗读物》《认真做好出版工作》的演讲，为出版业工作者展开培训，有力地促进了上海出版工作者业务水平的提高，提高了私营出版者的觉悟。

三、上海出版界华北东北参观团团长

上海解放后，大批出版工作者重回上海，但多年的战事让出版业生存困难。1949 年 10 月中华人民共和国成立，中共中央对私营书店的政策，上海的大部分私营出版业不甚了解。为了增进对国家有关私营书店政策的了解，1949 年 11 月，上海出版工作者协会筹备会决定组织人员，前往解放时间较早的东北、华北考察参观出版业情况。

他们以"上海市出版工作者协会筹备会华北东北参观团"名义，11 月 3 日由上海出发。全团成员共有 23 人，分别是来自上海杂志公司的张静庐，作家书屋的姚蓬子，上海联合出版社的吉少甫，三联书店上海分店的毕青，商务印书馆的宣信予、戴孝侯，中华书局的卢文迪、蔡同庆，开明书店的章锡琛，世界书局的俞鼎梅，大东书局的蒋石洲，光明书局的王子澄，东方书社的王畹艿，龙门联合书局的严幼芝，新亚书店的陈邦桢，文光书店的陆梦生，晨光出版公司的赵家璧，耕耘出版社的黄宝珣，神州国光社的俞巴林，万叶书店的钱君匋，文化生活出版社的李采臣，上海书报杂志联合发行所的贺尚华，永祥印书馆的陈永镇，[①] 涵盖了当时留在上海的所有重要出版机构。张静庐担任参观团团长，姚蓬子任副团长，吉少甫、毕青任秘书。

11 月 5 日，参观团到达北京，甫一安顿，便前往出版总署拜访，受到刚成立的出版总署领导同志的接待。参观团代表们与出版总署的人员进行了座谈，参观团成员"共提出有关出版发行'公私合营'和

---

① 《上海出版界组参观团北上》，《大公报》（香港版）1949 年 11 月 21 日。

'专业分工'方面的九个问题和三点希望"。① 两天以后，新开张的联营书店北京分店为答谢开业致贺同业暨欢送赴东北参观之上海同业，在前门西泰丰楼饭庄举行晚宴。担任总署副署长的叶圣陶参加了这次宴请，他在日记中写道："入夜，复至泰丰楼，应联营书店北京分店之招宴。是店初开，设宴谢致贺之人，并欢送赴东北参观之上海同业代表。凡五席，皆是熟友，甚为欢洽。八点半散。"②

晚宴过后的 11 月 8 日，上海市出版工作者协会筹备会华北东北参观团北上，9 日到达沈阳。沈阳新华书店接待，将参观团安顿在新楼二层。到达当天，参观团出席了沈阳新华书店举行的招待会。此后数日，分别参观了新华书店、新华印刷厂，并举行了座谈，听取老解放区出版发行业的情况和经验。书业活动之外，张静庐等人还参观了东北文化俱乐部，游览了北陵（清昭陵）和大清宫等景区。随后又到达哈尔滨，除与当地同业座谈外，参观团还参观了东北烈士纪念馆，并往松花江畔游览。在哈尔滨的日程，万叶书店的钱君匋记载："参观一如沈阳程式，座谈连续多次，新知不少，游松花江，在江上滑冰，尽兴而归。"此后参观团又到达安东（今丹东），参观了市劳动宫、王子造纸厂，又前往中朝界河——鸭绿江畔、安东铁路、中朝友谊桥观光。再赴大连、旅顺。当时正值大连工业展览会展出，参观团成员参加了中华人民共和国成立后的第一个"工展"，以及火车头俱乐部、玻璃厂、造船厂、博物馆，游览了鲁迅公园等。

12 月 1 日，参观团回到北京。2 日下午，以张静庐为团长的参观

---

① 陆哨林：《关于"上海出版界东北华北参观团"史实的辨正和补充》，《出版史料》2009 年第 3 期。

② 叶圣陶著，叶至善整理：《叶圣陶日记》中，商务印书馆 2018 年版，第 1143 页。

团，受到胡愈之、叶圣陶、黄洛峰、徐伯昕等出版总署领导的集中会见。出版总署对这次会见相当重视，在当天上午召开署内会议，专门研究"对上海出版界参观团谈话要点"。下午一时半，会见开始。胡愈之署长先致辞，然后由参观团成员发言，出版总署其他领导根据自己具体负责的部门谈了相关意见。这次的座谈会，出版总署的领导对来自上海的出版业者，就中央对私营书店的政策、出版总署成立后的组织与计划，以及解决上海出版业在编辑出版分工、纸张供应、著作权保障、稿费版税办法等生存困难问题作了说明，并提出了相关指示。

会见之后，参观团赴天津访问，在天津受到了出版同行的热烈欢迎，并举行了参观游览、座谈交流等活动。然后参观团又返回北京，在此期间，出版总署分别约中华、大东、神州等书局以及联营书店的常务董事等人交流。一方面加强与私营出版业的联系，另一方面详谈各单位的出版和业务计划，了解他们的情况，并鼓励他们在共同纲领的文教方针下发展出版事业。

12月12日，参观团离京返沪，14日抵达上海。历时近40天的考察中，参观团途经北京、沈阳、哈尔滨、佳木斯、大连、天津等地，参观了东北的新华书店、三联书店，了解了新解放区工商业的新面貌，通过进行出版发行的经验交流，实际考察研究读者需要的读物，以及各地对上海出版界的批评和意见。通过与出版总署的座谈，沟通了私营出版业在参观和座谈过程中所提出来的有关公私合营、今后出版发行和分工专业化等问题。来自神州国光社的俞巴林在总结这次参观经历时说："参加上海出版工作者协会华北东北参观团同赴东北，经沈阳、大连、哈尔滨、安东诸市参观大小工厂、书店、印制，及其他学术机构约三十余家。使我在工作经验，思想改造，情况认识上获益颇多。"① 由此可见，这次由张静庐担任团长的上海出版人考察团，一路所见所想，可以说是作为中国出版重镇的上海，进行社会主义改造的前期准备。

回到上海之后，为了将本次参观团的见闻传达给更多的出版同业，在上海出版工作者协会筹备会的主持下，12月18日，参观团在复兴中学图书文具业工会欢迎会演讲，向上海出版界汇报参观华北、东北出版业的情况，当时听讲职工400余人。欢迎会上，考察团团长张静庐发表了关于大连参观的感想，戴孝侯分享了东北的工厂管理，蒋石洲、俞巴林分别分享了东北、华北的出版情况，毕青分享了东北新华书店和三联书店的门市经营情况，贺尚华介绍了东北新华书店、三联书店的读者服务部，严幼芝、俞鼎梅介绍了东北、华北的造纸工业、印刷厂的设备和生产概况，吉少甫分享了东北参观的观感。② 另外还在福州路436号联营书店举行了参观团图片资料展览会。

1949年回到上海后，张静庐的工作主要围绕上海出版工作者协会筹备会和联营书店进行。作为上海出版工作者协会筹备会的重要人物，该会组织的众多出版活动都有张静庐的参与。该会在上海出版业发展中的作用，尤其是组织上海出版业华北、东北参观团对于上海私营出版业了解国家政策，为后期私营出版业改造做出了重要贡献。

---

① 中国出版科学研究所、中央档案馆编：《中华人民共和国出版史料（1949年）》，中国书籍出版社1995年版，第587页。

② 《上海出版工作者协会筹备会1949年工作概况》，中国出版科学研究所、中央档案馆编：《中华人民共和国出版史料（1949年）》，中国书籍出版社1995年版，第632—643页。

四、任职出版总署

中华人民共和国成立后，1949 年 11 月 1 日，为了更好地管理全国的出版事业，中央人民政府成立出版总署，胡愈之被任命为署长，叶圣陶、周建人为副署长。出版总署下设办公厅、编审局、翻译局及出版局分管各项工作，胡绳任办公厅主任，叶圣陶兼任编审局局长，沈志远任翻译局局长，黄洛峰为出版局局长。同时根据工作需要，在办公厅下设计划处，主要负责公营、公私合营及私营出版事业的调查研究和联系设计工作，徐伯昕任计划处处长。据《出版总署最近情况报告（1949 年 11 月 12 日）》显示，此时"计划处虽尚未成立，但已局部开始工作，现正进行对全国各地私营书店之材料的整理工作，并准备各项表格，以备进行进一步调查"。对这时的出版总署办公厅来说，最大的困难就是缺人——"主持出版事业的调查研究工作的人员"。在这种背景之下，张静庐被召回北京。1950 年 1 月 20 日，张静庐被出版总署拟任为总署办公厅计划处副处长，协助徐伯昕主管全国出版事业的调查、研究、联系、设计、指导工作，[①] 开始了自己的公职生涯。

张静庐能够任职中央人民政府出版总署，很大程度上与其在抗战时期跟随黄洛峰主持"新出版业联合总处"，成长为中小出版业领导者有关。这个经历让他在 1949 年 11 月担任"上海市出版工作者协会筹备会华北东北参观团"团长，带领上海出版同业赴华北、东北参观、

---

① 《出版总署党组小组会议报告（1950 年 1 月 20 日）》，中国出版科学研究所、中央档案馆编：《中华人民共和国出版史料（1950 年）》，中国书籍出版社 1996 年版，第 56 页。

考察有关。出版总署的领导中，叶圣陶、黄洛峰等人与他关系匪浅，署中同事也大多是其多年好友。加之张静庐的个人能力和组织热情，因此被选中担任出版总署的职位，就成为题中应有之义了。

1950年3月，张静庐正式从上海调任出版总署工作。他当时的同事中，有老朋友开明书店老板章锡琛。章锡琛正式任职出版总署是在1949年12月，比张静庐稍早几个月。他们两人在出版总署的一栋两层小楼里，共用一间办公室。① 这栋两层小楼上，当时出版总署的几位领导如胡愈之、叶圣陶、周建人以及胡绳、徐伯昕等都在这里办公。

说来有趣，张静庐进入计划处的第一件事，就是处理开明书店申请公私合营的事情。开明书店的公私合营，可以追溯至1949年10月3日第一届全国新华书店出版工作会议期间。当时，开明书店同人如范洗人、朱达君等，就向新中国出版业的实际负责人胡愈之、叶圣陶等表达了公私合营的意愿。1950年2月，开明书店董事会正式向出版总署报送了《开明书店请求与国家合营呈文》。张静庐进入出版总署办公厅计划处后，就接手这件工作，并与出版总署的领导商讨如何处理。对此，与开明书店关系颇深的叶圣陶在1950年3月22日的日记中记载，"午后，达君来，与愈之静庐诸人共谈开明合营事"。最终大家的讨论结果，是"拟出版总署不投资于开明，唯以合作之故，派人员与开明董事会职工会中人合组业务委员会，为决策与执行之机构"。

开明书店的公私合营之事，一直持续到3月底。3月31日，出版总署召开署务会议，通过相关决议。4月3日，对该事进行了最终批

---

① 章雪峰：《中国出版家·章锡琛》，人民出版社2016年，第290页。

复，批复决定根据国家经济情况和开明书店现有状况来看，开明书店不要需要国家投资。但鉴于开明迫切希望国家领导，决定先予以公私合作，由出版总署、董事会、职工三方面，各派代表三人，组织业务委员会作为具体指导业务的机构，并要求开明书店将总管理处和编译所迁往北京。

五、参与筹备第一届全国出版工作会议

开明书店公私合营告一段落，张静庐参与了第一届全国出版工作会议的筹备工作。1950 年 4 月 25 日，出版总署确定了《出版总署1950 年第二季工作计划要点》，在出版事业管理方面，该工作要点指出："（一）完成全国出版业的初步调查，并进行全国出版物的调查统计工作和有重点的内容检查。（二）与各大行政区、各省市的新闻出版行政机关建立联系，加强政策方针上的领导。（三）拟订出版业登记暂行法规及全国出版业分工合作的初步计划，以加强管理公私营出版业。（四）在上列工作的基础上，进行全国出版会议的准备工作。"① 出版总署在 5 月 12 日第 13 次署务会议上，正式决定召开全国出版会议。从计划处的工作职能来看，该工作要点也成为张静庐进入出版总署后要负责的主要工作。

为了准备全国出版工作会议，出版总署成立了相应的专门小组。小组以胡愈之为首，张静庐也参与其中。5 月 24 日、29 日，该工作

---

① 中国出版科学研究所、中央档案馆编：《中华人民共和国出版史料（1950 年）》，中国书籍出版社 1996 年版，第 157 页。

小组就将于9月召集的全国出版工作会议，分别举行了两次会谈，并确定召开京津出版工作会议、上海私营出版业座谈会、京津私营出版业座谈会、全国新华书店统一工作会。

为了筹备第一届全国出版会议，7月21日出版总署第18次署务会议决定成立第一届全国出版会议筹备委员会，包括胡愈之、叶圣陶、周建人、胡绳、徐伯昕、张君悌、祝志澄、华应申、朱泽甫、王钊、沈静芷、张静庐、金灿然、周天行、储安平、史育才、傅彬然、程浩飞、甘伯林等19人为筹备委员，并推胡愈之为主任委员，叶圣陶、周建人为副主任委员，胡绳、徐伯昕为正、副秘书长，主持筹备工作。经过两次筹备会议，7月28日出版总署决定9月15日至25日在北京召开第一届全国出版会议。为了给会议做准备，8月初出版总署通知上海、北京、天津三地出版行政机关分别召开各该地区公私营出版业座谈会，总署派人出席指导。基于张静庐在上海出版业界的工作经历和联系，他被指派至上海参加上海市公私营出版业座谈会，同去的还有沈静芷、储安平。

当时，在上海召开上海市公私营出版业座谈会的主要目的是：一、了解上海私营出版、发行、印刷、期刊的工作情况与存在的各项困难问题；二、了解上海公私出版业的关系；三、听取上海公私出版业对政府有关出版工作方面的意见，征求关于改进全国出版工作的意见；四、传达总署对出版、发行工作和出版事业中公私关系的方针、召开全国出版会议的内容和目的；五、研究并酝酿产生上海市的全国出版会议的代表；六、征集大会用的各项资料及展览用品。当时，上海华东新闻出版局王益与上海市新闻出版处方学武已经组织了上海市公私营出版业座谈会工作小组。7月31日，上海书业公会召集筹委会讨论座谈会配合问题。同日，张静庐等人就到达上海，与上海市公私营出版业座谈会工作小组具体研究座谈会方式，决定以出版、发行、杂志、印刷 4 个大类 14 个小组，进行讨论，并确定各组负责人选。

8 月 2 日，上海市公私营出版业座谈会召开，参加本次座谈的有来自出版、发行、杂志、印刷业的 250 余人。座谈会主席王益，张静庐、储安平、沈静芷作为出版总署代表参会。这次座谈会按照原先安排，分为 4 类 14 个小组进行，还组织了组长联席会议，在 4 个大类中各推举出报告人选，向座谈会大会报告各组讨论成果。还拟定了出席全国出版会议的代表初步名单。座谈会持续到 6 日闭幕，分 4 个单元，由舒新城、毕青、尚丁、陈雪岭作综合报告，储安平代表总署发言，对逐步走向专业化、调整公私关系及新华书店情况等进行了详细介绍，解决了一部分疑虑和隔阂。这次座谈，提出各种意见达 200 多条，为未来的全国出版会议提供了相当宝贵的材料和基础，并对上海出版界进行了思想上的酝酿和教育，为确定出席全国出版会议代表名单做了准备。张静庐等人作为出版总署的代表，在其中通过与上海出版界的沟通和交流，也为第一届全国出版会议顺利召开做了准备。①

顺利完成这次上海之行的任务后，张静庐等人返回北京，并于 8 月 14 日在出版总署对上海市公私营出版业座谈会召开、全国出版会议出席代表等情况，进行了一次详细的汇报。②之后，总署围绕筹备工作多次召开筹备会议。1950 年 9 月 15 至 25 日，第一届全国出版会议在北京召开。会议讨论通过了关于改进和发展全国出版事业的五项

---

① 中国出版科学研究所、中央档案馆编：《中华人民共和国出版史料（1950 年）》，中国书籍出版社 1996 年版，第 432—436 页。

② 叶圣陶著，叶至善整理：《叶圣陶日记》中，商务印书馆 2018 年版，第 1182 页。

决议:一、关于发展人民出版事业的基本方针的决议;二、关于改进和发展出版工作的决议;三、关于改进和发展书刊发行工作的决议;四、关于改进期刊工作的决议;五、关于改进书刊印刷业的决议。全国出版会议的召开,为新中国出版事业基础的奠基和发展作出了重要贡献。

六、参与私营出版业的改造

张静庐所在计划处的工作就是对全国出版事业进行研究、调查、指导,积极参与出版业改造。1950年上半年,由于出版总署"集中力量于直接进行出版、发行、印刷工作,并没有着重实行对于全国公私营出版事业的领导"。第一届全国出版工作会议的召开,形成了关于出版工作的多项决定、指示和决议,为新中国出版业发展指明了道路。10月28日,中央人民政府政务院下发《中央人民政府政务院关于改进和发展全国出版事业的指示》,要求"在一方面,出版总署应当按出全国出版事业的总方针,以利于各公私营书刊出版、发行、印刷机构在统一的方针下分工合作;在另一方面,全国公私营的书刊出版机构应当按时向出版总署提出其工作计划和工作报告,以便得到及时的调整和改善"。围绕第一届全国出版工作会议的成果及《中央人民政府政务院关于改进和发展全国出版事业的指示》等要求,出版总署进行了业务调整,明确了改造私营出版业的方向:对于国民政府官僚资本性质的出版机构,像正中书局、中国文化服务社、独立出版社、拔提书店等,随着各个城市的解放,由国家没收;对大东书局和世界书局，经过调查分析，没收其官僚资本部分，其余私股另作处理。对资本主义私营出版业，根据中国共产党对资本主义工商业的利用、限制、改造政策，协调公私出版业关系的同时，对私营出版业进行调整和初步改造。而后，张静庐在计划处也按照此要求指导出版事业发展，参与私营出版业改造。

这一时期对于私营出版业的改造主要是清理受官僚资本控制的私营出版业，对私营出版业中含有较多官僚资本股份的企业实行军事管理，没收其中的官僚资本，对私股则逐步加以整顿改造，而这也以大东书局和世界书局最为典型。张静庐在出版总署的工作也围绕于此，对大东书局等按照国家出版建设规划加以改组，适应国家需要。

大东书局自创立以来就以出版教科书及承印有价证券为主要业务，1949 年 5 月 27 日，上海迎来解放后，军管会在上海接管了各方面工作。出版委员会在《全国出版事业概况》中明确了对半官僚资本及部分官僚资本经营的旧出版机关的初步方针，提出："……如商务印书馆、中华书局、世界书局、大东书局等家，目前还待详细研究其实况，以便确定管理领导的办法，暂先分区组织他们参加印行教科书，引导他们开始做些为人民服务的工作。"[①] 大东书局也归军事管理。1950 年 1 月华东出版委员会向黄洛峰作了大东书局的情况汇报，提出要国家对大东书局实行接管，没收官僚资本，将书店部分收归国营，印刷厂公私合营的处理意见。再加上，1950 年 5 月中国人民银行华东区发行分处要求大东书局停止承印钞票业务，对大东书局影响很大。是月，处于军管中的大东书局主动提出"精简组织"和"裁员减薪"

---

① 出版委员会：《全国出版事业概况》，中国出版科学研究所、中央档案馆编：《中华人民共和国出版史料（1949 年）》，中国书籍出版社 1995 年版，第 120 页。

的整编方案，华东新闻出版局向出版总署转呈大东书局整编方案和情况汇报，寻求出版总署对于大东书局的改造意见。1950 年 5 月 25 日，出版总署致函上海市军管会文化教育管理委员会，提出应对大东书局进行接管，并且以为"接管大东书局，在政治意义和影响上是重于世界（指世界书局——引者注）的。"① 并且要上海市军管会文化教育管理委员会研究具体情况，做出最后决定与准备。

1950 年 11 月 3 日，根据相关要求，为完成对大东书局的改造工作，计划处处长张静庐提出了《出版总署办公厅计划处拟对于大东书局的处理意见》②，督促大东书局改造，意见如下：

出版总署办公厅计划处拟对于大东书局的处理意见
（1950 年 11 月 3 日）

关于大东书局问题我处曾经提过一次意见，认为对大东的看法应该政治重于经济，不要因为是个包袱，就让他自生自灭。最近依照财经委员会的清理条例，凡有公股的企业，都要在 3 个月内加以清理。那末我们即使不想背这个包袱，在 3 个月清理完毕后，也必然变成为公私合营的出版企业了，那时我们不主动去管，也必然要被动去管了。

因此我们以为在本年内大东可以结束军管，着手清理公私

---

① 《出版总署关于大东书局应予接管的意见拟给上海市军管会文教管理委员会的信稿》，中国出版科学研究所、中央档案馆编：《中华人民共和国出版史料（1950 年）》，中国书籍出版社 1996 年版，第 269 页。

② 《出版总署办公厅计划处拟对于大东书局的处理意见》，中国出版科学研究所、中央档案馆编：《中华人民共和国出版史料（1950 年）》，中国书籍出版社 1996 年版，第 667—668 页。

股，筹划公私合营，成为出版儿童图书的专业部门。大东的出版计划可以与团中央合营的儿童书局分工。大东有彩印设备，适宜于出版低级儿童读物和小学用的挂图等（现在出版的"小主人文库"即用彩色印）。

大东可以参加童联，并应与儿童书局合作，在童联中起核心作用。童联可以成立总管理处，但以拟订出版计划，审核原稿，组织稿源为主要工作，暂时仍保留个别出版，而尽先做到发行统一，利用大东现有的发行网，建立各主要城市的少年儿童特型的发行机构。

依据出版会议的决议，"某些特殊的专门性书刊的出版机构，必要时也可兼营发行或印刷工作"，大东的出版方向既有它的特殊性，那么出版、发行、印刷暂时的兼营是可以的。也正因为它是童联的主要骨干，可以拉拢印件，增多它的印刷生意，减少对印刷厂的亏累，待到收支大致平衡之后，再行分立。

请裁夺！

计划处处长 张静庐

1950 年 11 月 3 日

该意见代表了作为计划处处长时，张静庐对于全国出版业改造和出版事业发展的思考。而落脚在大东书局方面，此前大东书局已经遵照第一届全国出版会议决议，实行了出版与发行的分工，调整了出版专业方向，至1951年其出版图书中，科技类图书销售居第一位，其次为儿童书。张静庐也充分考虑了当时社会政治经济环境以及大东书局本身的特点，提出"着手清理公私股，筹划公私合营，成为出版儿童图书的专业部门"的建议，体现了他对于新中国建立初期国家出版事业发展的智力贡献，这些都为出版业的顺利改造提供了支持和帮助。

其后，大东书局实行商股登记，将大东书局上海印刷厂改组为公私合营大东印刷厂，将少年儿童读物部分业务与新儿童书店、商务印书馆、中华书局组成公私合营儿童出版社，成为以出版科技书为重点的出版机构。大东书局通过逐步收缩发行业务，出版机构发展成为专业出版机构，印刷厂参与公私合营，逐步完成了改造，也丰富了私营出版业社会主义改造经验。

第六章

晚年岁月：重归出版

1950年，根据出版总署的统计，全国11个大城市中有私营书店1009家，其中参与书刊出版的有244家。为了"采取适当方式扶持私营出版事业，逐步建立在出版工作上的公私合作关系"，实现公私出版事业的有计划发展，出版总署决定加强自己的领导和示范作用。在1950年6月15日，《出版总署1950年上半年工作报告》中就指出出版总署的宗旨虽然是"联系或指导全国各方面的编译、出版工作，调剂公营、公私合营及私营出版事业的相互关系"，但是在刚成立的这段时间内出版总署在对出版业的全国性领导工作中的作用，并没有足够地表现出来。虽然逐步加强了办公厅计划处的工作，使编审局和翻译局加强组织外稿的工作，开始审查全国各方面的书刊工作，但组织机构设置和职能发挥仍旧存在一些缺陷。出版总署开始思考应该在其机构与工作上做适当的改革。①

这场关于机构改革的思考持续很久，1950 年 9 月 19 日，叶圣陶日记中就记载了对出版总署改更的意见："拟废去三局，改为一厅三司及图书馆。办公厅只设秘书、行政二处，或加审计处。三司者，一为出版事业管理司，以原计划处及出版局组成之。二为图书审核司，以原编审局第四处为基础而扩大之。三为人事司，或称干部司，以原人事处改组，专司全国出版业干部之统筹调配。……"② 同年 11 月出版总署向文化教育委员会和中央人民政府政务院呈交了《出版总署及其直属机关改制方案（草案）》，将原有一厅三局，改为办公厅、出版事业司、图书期刊司、出版干部司和编译局。改制后，办公厅计划处取消，归并为出版事业司。出版事业司职掌公私营出版、印刷、发行企业的管理和领导，下设公营企业处（兼公私合营企业）、私营企业处、调查研究处、统计处、审计处及秘书，于 1951 年 1 月 1 日实行。改制方案拟于 1—15 日确定各厅、司局、店、社、处负责人名单。据叶圣陶 1950 年 11 月 7 日日记，拟以黄洛峰任出版事业司司长，沈静芷、张静庐分别担任副司长。张静庐也因其与私营出版企业的关系，于 1951 年进入出版事业司私营企业处任处长，负责私营出版业改造相关工作。1951 年群益书社关闭后，经理陈汉声上书毛泽东，报告纸

---

① 《出版总署 1950 年上半年工作报告——向政务院文化教育委员会报告》，中国出版科学研究所、中央档案馆编：《中华人民共和国出版史料（1950 年）》，中国书籍出版社 1996 年版，第 308—319 页。

② 叶圣陶著，叶至善整理：《叶圣陶日记》中，商务印书馆 2018 年版，第 1189 页。

型之事，后由出版总署与其联系。陈汉声携《新青年》纸型进京呈献，就曾受时任出版总署私营企业处处长张静庐的热情接待，为其解决问题。①

但张静庐在私营企业处处长的位置并不长久，1952 年 2 月 22 日，政务院编制委员会对出版总署机构调整给予意见，认为出版总署"重点在加强对国营事业的管理，因此一面提高人员水平，一面加强行政管理，人员仍可精简。私营出版企业可考虑由国营出版机构领导、管理，出版总署只须指示原则方针"。该意见对出版总署的机构设置提出要求，为解决"属内组织机构不合理，事权不统一，职责不明确；干部力量太弱，成分太过复杂，以及'三反'中暴露的一些问题"，出版总署决定调整机构人事，拟在署长、副署长下分设一厅三局，即办公厅、出版管理局、印刷管理局、发行管理局。"厅局之下，按照中央精简精神，废处存科，减少层次。"根据 1952 年 6 月 5 日《出版总署关于调整机构后各厅局负责人及分工情况的通知》，张静庐开始成为出版总署专员，并在总署的方针指导下开展工作。

1954 年，因中央人民政府组织机构变更需要，出版总署归入文化部，张静庐结束了在出版总署的工作生涯，开始辗转进入古籍出版社。

---

① 汪耀华：《新青年广告研究》，上海书店出版社 2016 年版，第 220 页。

一、进入古籍出版社

新中国成立后一段时间里，出版总署的主要工作就是整顿、巩固和有重点地发展国营和地方国营出版业、印刷业、发行业，并加强对私营出版业、印刷业、发行业的社会主义改造。1953 年出版总署提出未来要增设若干新的国营出版社和公私合营出版社。而此时对于全国的出版业发展来说，"古籍的出版业在全国来说几乎完全停顿了，或有个别国营或私营出版社出版一点古籍与整理古籍成果的书"，但中央一级的出版单位并没有一家专门从事古籍出版的机构。

1954 年，中共中央宣传部部长兼政务院秘书长习仲勋对成立古籍出版社的批示如下，"为了保存与整理中国文化遗产，团结一部分学术研究工作者，建立这样一个出版社很有必要"，根据需要和条件，"工作可由少到多"。①3 月 1 日，时任国家出版总署副署长陈克寒根据习仲勋的批示，对成立古籍出版社的相关情况，向上级进行了书面汇报。3 月 12 日，中共中央中宣部举行部务会议决定，在中华书局内设编辑所，但用古籍出版社名义出书，由小到大，从影印古籍工作做起，整理古籍工作放在第二步。

9 月 17 日，国家出版总署向中共中央宣传部并政务院文教委员会呈送请示报告，提出筹建古籍、语文、辞书出版社的具体内容，报告指出"古籍、语文、辞书出版社原应分开为古籍与语文、辞书两个出版社，但因人力、物力条件限制，暂时采用一套机构两块招牌的方

---

① 中国出版科学研究所、中央档案馆：《中华人民共和国出版史料（1954 年）》，中国书籍出版社 1999 年版，第 135—136 页。

式，俟条件成熟时，再分设为两个专业出版社"。报告决定先成立古籍出版社筹备委员会，由叶圣陶（主任委员）、傅彬然、郭敬、徐伯昕、金灿然、恽逸群、王淑明、徐调孚八人组成，先行开展工作。因为条件限制，该社准备先设立古籍出版室，调王淑明、徐调孚、谢兴尧、丁晓先等立即参加工作。至迟到该月，古籍出版社已然成立，位置在出版总署院旁东总布胡同十号的一个四合院内。而此时，正值出版总署将并入文化部进行机构调整，据叶圣陶记载，至11月6日，出版总署改制及人事变动已经基本就绪，出版总署并入文化部，成立出版事业管理局，"拟以洛峰为局长，灿然、应申、卜明、志澄为副局长。其他同志或在文化部之其他单位工作，或转入其他部门，皆磋商妥帖，无大波折"[①]。

古籍出版社正是在这种态势下成立的，最初古籍出版社的编辑不足10人，但皆是一时之选，他们大都是古籍研究、整理和出版的专家。社长兼总编辑由出版总署副署长叶圣陶兼任，日常工作由副社长郭敬主持，郭敬调离后，由王乃夫接任副社长，章锡琛、恽逸群任副总编辑，王春任党支部书记；编辑部则由一批对古籍文献素有研究的专家和资深出版家组成，主要成员除了章、恽两位副总编外，还有张静庐、曾次亮、徐调孚、陈乃乾、王淑明、童第德、冯都良、侯岱麟等。张静庐作为出版总署人员因其曾涉足过古籍出版，并且是资深出版家，就在此时进入古籍出版社工作，并担任古籍出版社编审。

古籍出版社作为一家独立建制的出版社，它的建立是为了承担国家古籍整理的专门责任。不仅如此，在古籍出版社成立之初，即明

---

① 商金林：《叶圣陶年谱长编》第3卷，人民教育出版社2005年版，第460页。

确规定其具体任务是除了要编辑出版中国古籍和近代研究古籍的著作外，还要协助总署调整有关出版社的出版任务与出版计划。古籍出版社内设三个编辑部，即古籍编辑部、语文编辑部和辞书编辑部，其中古籍编辑部又分为古编室和今编室，张静庐进入今编室工作。1956年，文化部向中共中央宣传部呈送了《关于我国古籍出版工作规划的请示报告》。报告中提出要加强对古籍出版工作的统一领导，并要与学术研究工作密切结合，成立古籍编审委员会，吸收科学院、北京大学、文化行政部门、出版机构的负责人等各方面学术专家和出版专家参加，统一掌握古籍的出版方针，审定图书选题计划和重要稿件。报告中提出将文学古籍刊行社、高等教育出版社和财政经济出版社的古籍出版部分，并入古籍出版社，并明确了古籍出版社今后的任务主要是统筹关于学术思想、历史地理、文学艺术方面古籍选题的制定，负责这方面稿件的组织、编校和出版工作，收集并供应有关古籍出版的资料，汇集和交流加工整理的经验。

作为古籍出版社的一员，张静庐事业心很强，很喜欢传统出版社那种"传帮带"的学习传统，希望向年轻的一辈传授他的编辑经验与近现代出版史的知识。1957年底，张静庐和老报人汪北平在古籍出版社申报标点《东华录·光绪朝续录》，该古籍原版本由上海同文书局铅印出版，是根据光绪朝一代的朝报、报刊以及文集等资料编纂而成，他就指定赵仲兰、刘德麟与他们一起做这项工作。据刘德麟回忆，当时的工作程序是："我们分别断句，读不懂的文句，集体讨论。开始时，赵和我点过的，静老抽查部分。那时正在搞'大跃进'，赶进度，所以后来也不再抽查了。我们4人点过的稿件，分批送章锡琛先生复审。章先生早年是商务印书馆的编辑，主编过该馆出版的《妇女杂志》，后来创办开明书店，是旧中国出版界的知名人士，此时被错划为'右派'，没有安排他具体工作，也不来上班，所以有时间复审我们标点的稿件。他复审退回来的稿件，由原标点人再看一遍，以资学习。"该书标点历经十个月，刘德麟自言："自觉阅读古籍的能力增长不少，这是个不小的收获。"① 不过因为后来古籍出版社与中华书局合并，《光绪朝东华录》后由中华书局出版。

除此之外，自成立起，古籍出版社共出版了包括《全国解放后出版的古籍目录（草稿）》（1949 年至 1958 年 4 月）在内的总共 31 种古籍，子史并重，特重史部。其中古籍整理图书，如清章学诚撰、刘公纯标点《校雠通义》，叶德辉撰《书林清话》，陈垣《元典章校补释例》，晋陈寿撰、南朝宋裴松之注、卢弼集解《三国志集解》，宋司马光撰、元胡三省音注、标点《资治通鉴》小组校点《资治通鉴》，清毕沅撰、标点《续资治通鉴》小组校点《续资治通鉴》、《续通鉴纪事本末》等。

二、中华书局近代史组组长

中华人民共和国成立之后，推动出版业的社会主义改造，把全国出版事业在统一的领导下组织起来，一直是出版总署的重要任务。从中国图书发行公司的成立，到对商务印书馆、中华书局等重点出版社实行公私合营，到 1956 年 6 月，出版领域的公私合营工作基本告一段落。我国的图书出版虽然得到大力发展，但是古籍图书仍旧仅有几

---

① 刘德麟、吴稼南、王贵彬：《忆 1966 年前的中华书局近代史编辑室》，《中国出版史研究》2017 年第 3 期。

家出版社零散整理出版，编辑出版能力严重不足。

为解决这一问题，1957 年，齐燕铭向国务院科学规划委员会呈送了《关于成立古籍整理出版规划小组的报告》并被批准。1958 年 2 月 9—11 日，国务院科学规划委员会在北京召开古籍出版整理规划小组成立大会，张静庐也参与其中。同月 15 日，中宣部就重新安排商务印书馆和中华书局的工作任务调整、机构和人事配备问题向中央报告，并得到批示同意。报告指出，目前已在国务院科学规划委员会下面成立了一个古籍整理和出版规划小组，负责制定整理与出版古籍的方针和长期规划。为了加强其出版业务工作，拟以中华书局为主要出版我国古籍的出版机构。同时该报告的附件还提供了文化部党组《关于商务印书馆、中华书局改组的公方董事、主要负责干部配备的请示报告》，报告提出拟将古籍出版社并入中华书局，撤销古籍出版社名义。将财政经济出版社改为农业出版社和中华书局两个单位，中华书局归文化部领导。考虑中华书局以出版文、史、哲为主，而主要又是整理出版古籍，将古籍出版社并入中华书局。新成立的中华书局总经理兼总编辑为金灿然，副总经理兼副总编辑为傅彬然。1958 年 3 月 7 日，文化部下发了这份经中央批准的关于商务、中华改组的报告，中华书局独立经营，财政经济出版社撤销。

就这样，1958 年中华书局以古籍出版社为基础，加上财政经济出版社分来的部分人员，专门整理出版中国古典文史哲作品，并成为古籍整理出版规划小组的办事机构。张静庐作为古籍出版社的资深编辑出版者，也进入中华书局工作。不过关于古籍出版社并入中华书局的时间，1956 年 12 月，文化部党组就商务印书馆、中华书局独立经营问题向中央请示汇报，就曾提出将古籍出版社并入中华书局。据《中华书局百年大事记（1912—2011）》记载，1957 年 3 月，古籍出版社并入中华书局。另据刘德麟回忆："古籍彼时已与财经合并，但原建制没有变动，还保留社长、人事科长，前者是王乃夫同志，后者是王春同志，只是摘掉门口的招牌而已。在东总布工作的人，除了开大会才去西总布，其余的活动均在东总布。他们仍自称古籍出版社的人，出版物也还沿用古籍出版社的名义。"因此可以断定，其实在 1957 年 3 月，古籍出版社与中华书局已经合作办公，但原有建制保留，直到 1958 年中央批准，古籍出版社社长王乃夫调往甘肃，4 月，金灿然同志从文化部出版局调来任总经理兼总编辑，主持工作，古籍出版社并入中华书局的事情才告一段落。

中华书局刚恢复独立，为了解决工作中存在的许多问题，中华书局进行了一系列的改革措施。在这次改革中，中华书局为了调动每一位编辑的积极性，总经理兼总编辑的金灿然主张成立中华书局编审委员会，其中舒新城任主任，副主任金灿然、傅彬然、金兆梓，张静庐与章锡琛、卢文迪、徐调孚、姚少华、曾次亮、陈乃乾等当选委员。该编审委员会相当于一个咨询性质的专家委员会，每年计划开会一到两次，讨论中华书局的年度选题、出书计划和重要书稿的编审出版工作。①

之后，为了大力发展图书出版业务，中华书局编辑部被划分为古代史、近代史、古典文学和哲学四个编辑组。在出版界工作多年，有丰富编辑出版工作经验的张静庐担任近代史组组长，其他三个组组长

---

①　《附：文化党组关于商务印书馆、中华书局改组及公方董事、主要负责干部配备的请示报告（2 月 5 日）》，袁亮主编，中国出版科学研究所、中央档案馆编：《中华人民共和国出版史料（1957、1958 年）》，中国书籍出版社 2004 年版，第 362—364 页。

分别是姚少华、徐调孚和傅彬然。当时中华书局将近代史组的出版方向定为清代、近代的历史资料整理工作，这是当时全国所有出版社中唯一专业从事近代史的独立编辑单位，近代史组的成员除了张静庐外，还有从商务印书馆调入的李侃，他担任近代史编辑组副组长，其他还有卢文迪、汪北平、王季康、段昌同、何炳然、刘德麟、赵仲兰、何双生等。①

近代史组初建时，书稿只有《光绪朝东华录》点校项目，第一部外稿是《戊戌变法六十周年纪念论文集》。1958 年是戊戌变法六十周年，当时为了纪念召开了一个学术讨论会，讨论会的讲话及学者的论文集结出版就成为了近代史组的第一部出版物，当时张静庐还用"张卒"为笔名，写了一篇讲述戊戌变法对中国小说发展影响的文章。后来近代史组逐渐发展到《文史资料选辑》、《近代史资料》、清代近代档案史料、清代和近代笔记、人物文集、近代经济史料和高校近代史教学参考书等的编辑出版。②

作为组长，张静庐事必亲为，并乐于传授自己的编辑经验和近现代出版史知识。为了整理出版清代、近代档案，张静庐经常带领组内成员前往故宫博物院明清档案部洽谈出版事宜。《戊戌变法档案史料》、《义和团运动档案史料》、《地震档案史料》都是张静庐接手近代史组时洽谈出版的古籍资料，这也奠定了中华书局以后与第一历史档案馆长期密切的协作关系，出版明清档案，也成为近代史组的重点项目。私人笔记也是近代史组的重要出版资料，当时张静庐主张出版一套偏重于史实的笔记丛刊，主要分为清代、近代两套笔记丛刊。据刘

---

① 齐浣心：《中国出版家·金灿然》，人民出版社 2018 年版，第 132—133 页。
② 陈铮：《李侃与中华书局近代史类图书出版》，《中国出版史研究》2017 年第 2 期。

德麟回忆："清代的请南开大学郑天挺教授任主编，近代的请北京大学邵循正教授任主编。他们都是大忙人，记得邵先生只亲自审阅了第一本《夷氛闻记》，并作了序，其余的只是由他们分别挂名，不取报酬，实际工作，从选题计划到请人标点，都是我组自己做的。选题计划是静老邀请若干专家座谈，由他亲自拟订的。解放初期有很多古文底子很好又熟悉掌故而没有工作的人，所以标点者很容易找，稿费是按字数计酬。"① 除此之外，近代史组还出版过"中国历史小丛书"，接编过《刘坤一遗集》、《锡良遗稿》、《林则徐集》等。

1961年初，中华书局迁至原北京农业大学旧址翠微路2号院办公。不久，中华书局的大批老同志退休，张静庐也在这次调整中离开中华书局编辑部，此后再也没有回来过。

三、编纂《中国近现代出版史料》

新中国成立后，张静庐在出版总署、古籍出版社和中华书局任职的同时，一直致力于中国近现代出版史料的整理出版工作。这是他不同于其他出版家的地方，也奠定了他出版史料开创者的地位。

1952年，张静庐开始收集整理《中国近现代出版史料》。1953年10月起，这些整理成果陆续出版。《中国近现代出版史料》收录了上自1862年清政府创设京师同文馆，下至1949年中华人民共和国成立前的图书、报刊的编译、出版、印刷等方面的资料。就其意义来说，

---

① 刘德麟、吴稼南、王贵彬：《忆1966年前的中华书局近代史编辑室》，《中国出版史研究》2017年第3期。

是第一次对近现代出版史料的系统性搜集、整理，反映了中国近现代出版事业的沿革，也呈现了我国近现代编辑出版发展的规律，对我国编辑出版史研究做出了突出的贡献。

这个时期的张静庐正在出版总署任职，为何要业余投身近现代出版史料的整理工作呢？总体来看，大致有两个原因。一是个人出版经历的影响，二是身份转变的影响。

就其个人的出版经历来说，年轻时的张静庐是个文学爱好者，对历史也有浓厚兴趣。从 1920 年踏入出版界开始，张静庐的泰东图书局和现代书局等经历，使之与新文化运动的发展有着千丝万缕的联系，其出版活动也为新文化运动留下了大量的史料。1938 年张静庐的自传性作品《在出版界二十年》出版。写作的时候，张静庐不仅回顾了在出版界的奋斗经历，同时记录了不少上海新书业的史实，"给后来留心新文化运动的史家们一些'或许有用'的史料"①。在这之后，张静庐对出版史料工作的收集、整理并没有停止。1942 年《抗战文艺》第七卷第 2、3 期刊登张静庐的《出版界旧事》②三篇，1942 年《文坛》杂志创刊号刊登张静庐《关于文明书局：出版界史料之一》③一文，都可见张静庐在出版史料搜集、整理方面的功夫和对历史的敏感度。这样的个人兴趣，为其在新中国成立后投身近现代编辑出版史料的整理工作打下了良好的基础。

其次，张静庐在出版总署、古籍出版社、中华书局的任职经历，为其投身近现代出版史料的整理工作提供了便利。张静庐在出版总

---

① 张静庐：《在出版界二十年》，江苏教育出版社 2005 年版，第 1 页。

② 张静庐：《出版界旧事》，《抗战文艺》1942 年第 7 卷第 2、3 期。

③ 张静庐：《关于文明书局：出版界史料之一》，《文坛》1942 年 3 月 20 日。

署计划处任副处长，其工作是对全国出版事业调查、研究、联系和指导。而据此前的机构设置规定，出版总署的研究机构包括计划处及出版局，出版总署要求计划处和出版局"对于其所领导或指导之出版事业应经常进行调查研究"①，这样的任务要求和个人的工作需要，让张静庐注重收集出版史料的个人兴趣与工作责任结合起来。加上当时全国出版事业百废待兴，出版总署作为全国出版事业的领导和管理机构，亟须总结过往出版经验，为全国出版事业的发展出谋划策，促进人民出版事业的繁荣和进步。于是张静庐操持的《中国近现代出版史料》工作，就得到了出版总署及相关人员的支持。

胡绳作为原出版总署办公厅主任，是张静庐在出版总署计划处的直接领导，对张静庐收集出版界史料的工作，胡绳不但大力鼓励，还在相关方面给予指导。胡绳之外，金灿然、章锡琛、黄洛峰等出版总署领导，在其丛书辑注、出版过程中也曾为该丛书顺利出版提供过帮助。中华书局原总编辑李侃回忆，在中华书局期间，金灿然设法帮助张静庐搜集资料，给他足够的时间，请张静庐继续编辑中国近代出版史料。②曾任上海辞书出版社高级编辑的王知伊回忆，张静庐任职出版总署时，正在收集资料，准备《中国近代出版史料》，"锡琛先生深感我国还没有一本完整的出版史，主要的症结在于缺乏史料，因此，

① 《出版总署三个月工作检查后的几项决定（1950年2月16日）》规定，其他公营、公私合营及私营书店均由办公厅（计划处）领导和指导；出版局与办公厅（计划处）对于其所领导或指导之出版事业应经常进行调查研究，双方调查研究的材料须随时互相通报并得互相调阅。必要时双方可共同研究问题，解决问题。

② 李侃：《回忆金灿然》，中华书局编辑部编：《回忆中华书局》，中华书局1987年版，第203页。

他协助静庐先生搜集资料，提供线索，可谓不遗余力"①。他还回忆道："犹记1954年静庐先生因公来上海时，他知道我原服务于开明书店编辑部。就曾和我谈到他与锡琛先生共事，还说在编出版史料工作中给了他帮助等语。"这样的工作环境为其转而投身近现代出版史料的整理工作提供了便利和更高的要求。②

1954年9月，张静庐进入古籍出版社担任编审，同时与其共事的有古籍出版社副社长王乃夫、副总编辑章锡琛、资深专家徐调孚等人。在古籍出版社工作期间，章锡琛与中国社会科学院历史研究所的荣孟源、阴法鲁等建立了联系，获得了一些指导。此后随国家出版机构调整，张静庐又进入中华书局任职，得到了吴铁声、姚绍华、陈仲献等人的帮助和鼓励。这些交往和帮助，都为《中国近现代出版史料》的编辑出版提供了重要助力。

《中国近现代出版史料》共七编八册，其中近代部分为两编两册，初编于1953年由上杂出版社（原上海杂志公司）出版，二编出版之时，上杂出版社已与文化工作社、国际文化服务社、棠棣出版社公私合营改造为上海文艺联合出版社，③遂于1954年由群联出版社出版。现代部分为四编五册（甲、乙、丙、丁上、丁下），分别出版于1954、1955、1956和1959年。此外另有一卷补编，于1957年由中华书局出版。

《中国近现代出版史料》全书约250万字，时间自1862年京师同

---

① 王知伊：《章锡琛先生与校对工作》，中国人民政治协商会议浙江省绍兴县委员会文史资料工作委员会编：《绍兴文史资料选辑》第10辑，1991年版，第80—83页。

② 据笔者统计，与《中国近现代出版史料》出版相关的人员共28人。

③ 出版总署出版管理局编：《全国私营出版社、杂志社、报社名单（截至1953年12月31日）》，参见中国出版科学研究所、中央档案馆编：《中华人民共和国出版史料（1953年）》，中国书籍出版社1999年版，第685—686页。

文馆创立，到 1949 年新中国成立前夕，收录了有关出版方面的第一手资料共 408 篇，收集附录了 262 幅出版事业珍贵的插图、书影等资料，反映了我国近现代出版事业的沿革与流变。张静庐在这套书中收录的史料，大都是来自杂志、报刊的第一手资料，还有 29 篇文章是未经发表的新史料，或是专门调查研究的文章，或是亲历出版业发展的出版人撰写的回忆性文章，史料来源成就了该丛书在史料搜集方面的准确性和史料的高价值。有学者曾这样评价该书："国内大规模、成系统地汇编出版史料，肇始于二十世纪五十年代的张静庐。"①

《中国近现代出版史料》采用的编辑体例是按照历史阶段分编，按内容分类，按时间编次。作为具有开创性意义的近现代出版史料汇编，张静庐不仅把近现代出版史料按照历史时期、内容、时间进行编排，还在具体的史实方面做到"辑"、"注"同行，注释详备，呈现了该史料的学术品格。在该书中，不仅包括当时已发表的图书期刊文章，而且有一些没有公开发表的文章，还有的是经过张静庐特约编写和专门调查得到的资料。将一些未被发现的史料收集进来，这些史料本身就因为其唯一性和稀缺性拥有独特的价值，能够为研究者提供一些想知而未知的文献资料，可以扩大研究者取材的范围；特约编写和专门调查的资料本身就是为了某种研究目的编写而成，经过了研究者系统的收集和整理，内容更真实、可信，其在研究方面的价值更大。

张静庐在史料搜集、整理过程中极大地扩大了史料的范围，不仅将传统文献资料收录进该书，更是重视图像资料和回忆性、口述性史料的收集。在图像史料搜集方面，全书收录了有关印刷、出版业的

---

① 吴永贵、朱琳：《2010 年以来中国出版史料编纂述评》，《中国出版史研究》2016 年第 4 期。

图片和书影共 262 幅，在每一幅图片或书影旁记载有有关该图片或书影的相关情况。除近代初编一册图片和书影穿插于史料当中外，其他各册图片和书影都置于史料正文前，并配有相关目次。这些图像史料不仅直观、可靠地再现了中国近现代出版史上出版、印刷场景，其中收录的书影更是让人对中国近现代以来的书籍基本情况有了直观的感受，它记录了大量出版业的历史细节和珍罕场景，在文字史料的基础上，加深了史料的真实性和权威性。该书对于搜集到的报刊、图书、杂志文章进行多方鉴别，注明史料来源，对史料文献中的史实表述进行多方互证，保证了其真实性和准确性，奠定了该书史料的研究价值。《中国近现代出版史料》资料来源广泛，其中的史料多来自旧籍、新刊、报章、杂志，内容以与图书、期刊相关的史料为主。这些丰富的史料通过依历史阶段分编，按内容分类，按时间编次的编辑体例安排，系统全面反映了出版事业在近现代的沿革和发展。在搜集、整理史料的时候，编者不仅仅希望能够呈现出版业的情况，更是在史料选择、编辑中呈现了近现代出版业与社会文化的关系。

如今，站在学科史的角度上重新审视张静庐及其这套《中国近现代出版史料》，其价值可以概括为四点。

第一，该书作为出版学研究的参考书，具有重要的史料累积价值。关于《中国近现代出版史料》的出版学研究价值，多位编辑出版家都曾对该汇编提出过积极评价。[①] 著名作家、藏书家薛冰也曾这样

---

① 吴永贵评价道："上世纪五十年代，张静庐辑注的《中国近现代出版史料》一套八卷本，因其史料的原始珍贵，长期以来备受重视，至今依然被各学科专业史学者广为征引。"参见吴永贵、朱琳：《2010 年以来中国出版史料编纂述评》，《中国出版史研究》2016 年第 4 期。其他评价参见方厚枢：《历史回望：新中国出版科研的起步和发展》，《中国出版》2003 年第 2 期。张志强：《20 世纪中国的出版研究》，广西教育出版社 2004 年版。

评价该书："作为新中国第一部近现代出版史料鸿篇巨制，而且迄今为止仍是无法替代的近现代出版史参考书之一。"[①]如果抛开其编辑特点而呈现的学术价值不说，单就其史料累积价值来看，该书在出版、中国文学、中国近现代史学科上也具有重要价值，成为了这些学科研究者不断征引的基础性参考书，这也与《中国近现代出版史料》"供从事出版工作、图书馆工作和关心中国近代文教史者的参考"的编纂目的相契合，凸显了该史料汇编在出版学研究当中的价值。

第二，张静庐正式提出的"出版史料"概念，具有概念创造价值。20世纪50年代《中国近现代出版史料》的出版，正式提出了"出版史料"的概念。该套丛书以"出版史料"命名，其每编的内容来源和分类，也从一定意义上框定了出版史料的来源以及应该包括的内容。张静庐收集的史料多来自旧书籍和报纸、杂志，内容多以与图书、期刊有关的史料为主，不仅收录传统文献资料，更重视图像资料和回忆性、口述性史料的收集，这样的史料整理方法及原则自该丛书出版后深深影响到了出版领域的史料整理工作，出版史料的整理也慢慢受到了重视。其后所涌现的诸如1982年开始创刊的《出版史料》、宋应离等编的《中国当代出版史料》、宋原放主编的《中国出版史料》及《中国当代出版史料文丛》、《中华人民共和国出版史料》等一大批研究资料，基本上还是在《中国近现代出版史料》所确立的研究领域和工作范围内进行研究、整理工作，是在此基础上的延续。

第三，提出了近、现代中国出版史分期，具有重要历史分期价值。20世纪中叶以前的中国出版史研究，专著或专题研究文章较少，

---

① 薛冰：《旧书笔谭》，浙江摄影出版社1997年版，第24页。

再加上距离太近，明确的"近、现代中国出版史"概念还没有，关于中国近、现代出版史的历史分期仍旧不明，相关研究也并未提出出版史分期的标准。直到 20 世纪 50 年代，出版业的发展已经进入了一个新的发展时期，这就为张静庐在《中国近现代出版史料》中提出近、现代中国出版史分期提供了可能。《中国近现代出版史料》收录的是自 1862 年至 1949 年我国出版事业的重要资料。张静庐在进行史料辑注之时，将这一历史阶段的出版史料划分为近代和现代两个部分，近代部分自 1862 年京师同文馆创办为起点，到五四运动前夕，现代部分自 1919 年至 1949 年。这样的时期划分不仅仅成为了中国出版史料整理的分期参考，也对中国出版史进行了近、现代的分期划分，有一定的科学性和参考价值，具有一定的前瞻性价值和学科价值，影响了 20 世纪中叶以来的中国出版史及中国出版史料整理的历史分期，如其后的《中国书史简编》、《中国图书史纲》、《中国当代出版史料》等，也影响着以后关于出版史分期的研究讨论。

第四，体现了唯物史观指导下的学科自觉，具有研究视野价值。唯物史观与出版史的结合，发轫于 20 世纪 50 年代。何朝晖认为 1949 年以后的中国古代出版史研究进入了以唯物史观作为指导的阶段。[①] 在整套史料的编选过程中，张静庐不仅注重呈现有关出版业的历史资料，也将社会法令、出版文化动态选编呈现，通过这样的史料编选，来呈现社会政治、经济、文化环境与出版的互动，体现了唯物史观指导下的学科自觉。这样将出版与社会历史发展联系起来的观点正代表了 20 世纪 50 年代中叶以来的出版史研究路径和方法，为以后的出版

---

① 何朝晖：《对象、问题与方法：中国古代出版史研究的范式转换》，《中国出版史研究》，2017 年第 2 期。

史料整理及出版史研究提供了研究方法上的参考，影响了继往开来的研究者。如吉少甫主编的《中国出版简史》、肖东发的《中国编辑出版史》、王益的《出版史研究浅议》等都体现了这种研究视野的延续。

《中国近现代出版史料》的编纂，让张静庐在出版家的身份之外，多了一个出版史学者的身份，也是其出版生涯的另一个高峰时刻。此后的张静庐，在日常的行政工作中按部就班，没有更多的举动。1965年八九月间，张静庐从中华书局退休。退休之后，他回到了从事多年出版工作的上海养老。1969 年 9 月 17 日，张静庐病逝于上海，终年71 岁。

张静庐编辑出版大事年表

1898 年

5 月 26 日（农历四月初七），出生于浙江省镇海县龙山镇（今属慈溪）。

1914 年　16 岁

自费出版《小上海》、《小说林》、《滑稽林》等小型报刊，但因缺乏经验及资金，这些报刊不久后便夭折。

1915 年　17 岁

开始使用笔名"静庐"。

1916 年　18 岁

前往天津任《公民日报》副刊编辑，不久兼新闻编辑。

1919 年　21 岁

任上海救国十人团联合总会机关报《救国日报》编辑。

1920 年　22 岁

进入泰东图书局任编辑，正式迈入出版界。

3 月，《新的小说》创刊，张静庐担任主编，撰《创刊话》。

6 月，学术著作《中国小说史大纲》出版。

1921 年　23 岁

5 月，与沈雁冰、郑振铎、汪仲贤、欧阳予倩等一起，创立民众戏剧社，创办《戏剧》月刊，提出民众戏剧口号，要求戏剧为劳工们服务。

8 月，编辑出版了郭沫若诗集《女神》。

10 月，在赵南公推荐下进入李次山创办的上海联合通信社，担任外勤记者。

11 月 8 日，在《民国日报·觉悟》发表《关于〈悲惨世界〉和〈章太炎白话文〉的说明》一文。

11 月 9 日，与上海新闻界翁吉云、徐大纯、苏一乐、郁志杰、张滇叔、严谔声、戈公振、周孝庵、曹谷冰、裴国雄、胡仲持、谢介子、费公侠、侯可九等 21 人联合创办上海新闻记者联欢会。

1922 年　24 岁

张静庐第一部个人小说集《我与她——夫妻》出版。

编辑出版郭沫若、钱君胥翻译的《茵梦湖》。

10 月 7 日，张静庐参与创办宁波《七邑周报》，并担任编辑，该报由宁波七邑同学会主办，报纸宗旨为"为宁波人谋幸福，凭良心主张作公正评判，但求有益于桑梓，则牺牲一切亦所不计，幸同乡父老注意及之。"每期达 5000 份。

1923 年　25 岁

因李征五关系进入上海《商报》担任交际书记工作，与陈布雷、潘公展、朱宗良等共事。

1924 年　26 岁

担任上海《商报》"本埠新闻"编辑。

4 月，张静庐个人小说集《单恋集》由中国文会出版。

8 月 23 日，与汪北平等创办《宁波周报》，张静庐担任周报主笔，至 1925 年 3 月 14 日发行第 2 卷第 3 号后报纸改为《宁波三日刊》。

1925 年　27 岁

10 月 2 日，加入上海新闻专业人员发起成立的群众性组织——上海新闻学会。

8 月 20 日，与沈松泉、卢芳合作创设光华书局，任经理。

9 月 16 日，周全平等创办的《洪水》半月刊，由光华书局复刊。

12 月 16 日，光华书局开始总经售新女性社出版的《新女性》杂志。

1926 年　28 岁

1 月 1 日，出版狮吼社主编的《新纪元》杂志。

5 月 1 日，出版发行艺术学会编辑的《新艺术》半月刊。

10 月 10 日，光华书局开始发行狂飙社编辑复刊的《狂飙》周刊。

同日，出版发行火山文艺社编辑的《火山月刊》。

个人小说集《落英与狂蝶》由群众图书公司出版。

1927 年　29 岁

1 月与沈松泉同游南昌，并创办光华书局南昌分店。

2 月 16 日，开始出版发行由叶灵凤、潘汉年编辑的《幻洲》杂志第一卷第九期。

2 月 22 日，张静庐开始参与编辑上海小型报《烟视报》。

5 月，个人著作《革命后的江西财政》由光华书局出版。

7 月 16 日，与洪雪帆合资创设现代书局。

1928 年　30 岁

1 月，由现代书局出版发行，叶灵凤、潘汉年主编的《现代小说》创刊。

同月，辞去现代书局经理一职。

2 月，化名"翁仲"出版个人中篇小说《革命外史》。

5 月，《中国的新闻记者》一书由光华书局出版，专门讲述记者理论。

7 月，光华书局北平分店成立。

9 月，上海《商报》复刊，延聘张静庐为主编，出版半年就又再次停刊。

10 月，出版《中国的新闻纸》一书，介绍新闻史知识。

个人小说集《薄倖集》由群众图书公司出版。

与泰东图书局赵南公、北新书局李志云、太平洋书店李秉文、现代书局洪雪帆、开明书店章锡琛、真善美书店曾虚白、卿云书局陆友白、亚东图书馆汪孟邹、光华书局沈松泉等参与筹备上海新书业同业公会。

1929 年　31 岁

3 月，出版由黄天鹏主编，上海报学社主办的《报学月刊》。

5 月 5 日，出版发行由复旦剧社、辛酉剧社成员马彦祥主编的《现代戏剧》。

8 月 18 日，在上海创办当时"唯一社会科学书店"上海联合书店。

1931 年　33 岁

4 月 10 日，正式脱离光华书局。

6 月，上海联合书店组织儿童读书会。

8 月，张静庐在洪雪帆的劝说下，重返现代书局，主持出版业务。

8 月 16 日，相继创办现代妇女读书会，改组现代儿童读书会、现代读书会。

10 月 1 日，开始出版宋易主编的《现代儿童》杂志。

开始出版"现代文学讲座"丛书，共九种，包括《英国文学讲座》、《戏剧讲座》、《现代世界文学》、《文艺评论史》、《中国现代女作家》、《郭沫若评传》、《张资平评传》、《郁达夫评传》、《茅盾评传》。

1932 年　34 岁

5 月 1 日，邀约施蛰存创办《现代》杂志创刊。

6 月 1 日，出版宋易主编的《现代出版界》杂志。

1933 年　35 岁

8 月 15 日，由洪雁宾、张静庐、汪北平、任矜苹、洪雪帆、余华龙、陈霭麓、裘珠如、周曹裔、全仁夫、卢建人等人创办的《宁波日报》创刊出版，张静庐担任总编辑。

开始出版施蛰存主编"现代创作丛刊"，共 17 种，包括《望舒草》、《怀乡集》、《五奎桥》、《萌芽》、《公墓》、《战线》、《圣型》、《失去的风情》、《喜讯》、《屋顶下》、《白金的女体塑像》、《白旗手》等。

11 月 29 日，上海现代书局股份有限公司召开临时董事会议，张静庐被排挤出现代书局。

1934 年　36 岁

3 月 1 日，在《新上海》第 6 期发表《从上海到成都》一文。

3 月 16 日，现代书局股份有限公司在《申报》发布启事，正式宣布自 3 月 1 日起张静庐脱离现代书局。

4 月 1 日，在《旅行杂志》第 4 期发表《入峡记》一文。

5 月 1 日，创办上海杂志公司，是我国第一家以代订、代办、代理杂志发行业务为专业的书店。

10 月 10 日，叶灵凤、穆时英编辑的《文艺画报》由张静庐担任发行人。

11 月 10 日，由李公朴主编的《读书生活》由上海杂志公司发行，张静庐担任发行人。

1935 年　37 岁

9 月，开始出版"中国文学珍本丛书"第一辑，1936 年 10 月第一辑 50 种出版完毕。

10 月 7 日，在《立报》刊登《郭沫若屈骂赵南公》一文。

10 月 13 日，在《立报》刊登《被遗忘的小说家》一文。

10 月 14 日，在《立报》刊登《三位"林派"小说家》一文。

10 月 16 日，在《立报》刊登《没有版税的书》一文。

10 月 21 日，在《立报》刊登《幽默杂志"五铜元"》一文。

10 月 22 日，在《立报》刊登《销行百万之玉梨魂》一文。

1936 年　38 岁

3 月 16 日，《译文》杂志复刊，改上海杂志公司出版发行。

4 月 1 日，由夏剑丞主编，黄公渚、卢冀野助编，艺文社出版的《艺文》杂志创刊，张静庐任主办兼发行人。

4 月 15 日，孟十还主编《作家》杂志在上海创刊，上海杂志公司担任总代发行。

9月5日，黎文烈主编《中流》杂志由上海杂志公司总经售。

1937年　39岁

1月23日，平心主编《自修大学》创刊，由上海杂志公司总经售。

5月15日，开始在《读书》杂志第1期连载个人自传《在出版界二十年》。

10月，张静庐离开上海内迁，上海杂志公司也由上海迁至汉口交通路62号复业。

开始出版中山文化教育馆编"抗战丛刊"。

出版"大时代丛书"和"当代青年丛书"。

1938年　40岁

5月5日，在《大风》（香港）第7期发表《初写新都》一文。

出版个人自传《在出版界二十年》。

开始出版李辉英主编的"战地报告丛书"、叶以群主编的"战地生活丛刊"。

1939年　41岁

4月15日，在《大风》（香港）第34期发表《聊天：记一位新商人的谈话》一文。

5月，开始出版郑伯奇主编的"每月文库"，每月一本，共21本。包括陈白尘的《乱世男女》、宋之的的《自卫队》、老舍的《火车集》、章泯的《黑暗的笑声》、洪深的《包得行》、艾青的《他死在第二次》、洪深的《寄生草》、布德的《第三百零三个》、白朗的《我们十四个》、萧红的《旷野的呼喊》、田汉的《江汉渔歌》、臧克家的《淮上吟》、任钧的《后方小唱》、舒非的《死角》、于伶的《大明英烈传》、端木蕻良的《风陵渡》、萧红的《呼兰河传》、宋之的的《转型期》、郑伯奇的《哈尔滨的暗影》、梅林的《婴》、凌鹤的《战斗的女性》。

5月15日，在《大风》(香港)第37期发表《璧山通讯：到璧山去》一文。

8月，开始出版"新演剧丛书"。

1942年　44岁

在《抗战文艺》第2、3期发表《出版界旧事》一文。

3月20日，在《文坛》发表《关于文明书局：出版界史料之一》一文。

1943年　45岁

1月19日，洪深、茅盾、老舍、夏衍、姚蓬子、曹靖华、张恨水等旅渝文艺界、戏剧界、新闻界、艺术界25人为纪念张静庐从事出版活动二十五周年，发起征文征画活动。

2月22日，参加国民党中央出版事业管理委员会与重庆出版界代表、文协代表及有关方面举行的谈话会，就战时出版方案及修正出版法提供建议。

4月15日，在《天下文章》第2期发表《文艺书刊不是"糖果"——为印维廉先生"营养论"而作》《关于"出版界动态"的几点意见》两篇文章，与时任国民政府中央宣传部编审科科长印维廉开展关于文艺书刊的出版论战。

9月1日，在《天下文章》第5期发表《灾梨室散记》一文。

12月19日，上海杂志公司与生活书店、读书出版社、新知书店、峨眉出版社、作家书屋、五十年代出版社、华中图书公司、文化生活出版社、文化供应社、群益出版社、国讯书店、教育书店13家出版机构联合成立了新出版业联合总处，公推黄洛峰为董事长，张静庐任总经理。

1944年　46岁

2月15日，在《出版界》(重庆)第1期发表《一个小书店的初创经过：

在商务印书馆总管理处向研究生讲话》一文。

3月27日，在重庆《大公报》发表社论《物价与文化》，感慨"行行有饭吃，著书必饿死"等，为新出版业发声。

5月1日，第一家联营书店在重庆开业，设于重庆林森路。

8月，参与组织成都联营书店。

9月9日，新出版业联合总处改组为新出版业联营书店股份有限公司，参加者增至27家，张静庐被公推为董事长，黄洛峰、姚蓬子等四人当选常务董事，选举唐性天等三人为监事，薛迪畅、陆梦生为协理，万国钧为总会计，方学武为秘书。

10月前后，上海杂志公司总发行所由桂林迁往重庆。

1945年　47岁

3月，在《出版界》（重庆）第1期发表《战时成都出版业：在重庆新出版业同人茶话会讲》。

5月2日，在桂林《大公报》发表与金长佑、黄洛峰、姚蓬子等联合署名的《出版界的困难》一文。

6月14日，《新华日报》刊登重庆几十家出版社推荐郭沫若起草的《出版业紧急呼吁》，响应出版界面临的困难，上海杂志公司参与签名。

7月11日，张静庐在《新华日报》第二版刊登《出版工作者往哪里去？》，讨论重压之下中小新出版业的发展路径。

1947年　49岁

2月15日，在《读书与生活》第2期发表诗歌《出版难》。

6月，武汉发生六一惨案，武汉警备司令部搜查汉口联营书店，逮捕经理马仲扬及金思明、尤开元、王仁林、李行方、宋禾六人。张静庐作为新出版业联营书店股份有限公司董事长和联营书店总经理，联合汉口十家书店

（上海杂志公司、文化生活出版社、华中图书公司、开明书店、商务印书馆、中华书局、世界书局、大东书局、龙门书局、新亚书店）联名具保，积极出面交涉，成功营救被捕人员。

9月15日，在《读书与出版》第9期发表在汉口书业工会的讲座培训文章——《一本书的诞生：在汉口书业公会讲》。

1949年　51岁

9月30日，在上海八仙桥青年会九楼参加上海出版工作者协会发起人会员大会，决定成立上海出版工作者协会筹备会，并被推举为筹备委员会委员。

10月10日，参加上海出版工作者协会筹备委员会第一次会议，张静庐担任筹备会主席主持会议，并决议发电北京毛主席及中央出版总署致敬电文，另聘舒新城、曹冰岩两先生为组织委员。会议决定，卢鸣谷担任上海出版工作者协会筹备会主任委员，副主任委员有张静庐、吉少甫。秘书股包括吉少甫、徐启堂、储祎，组织股包括张静庐、方学武、刘季康、胡水萍、王德鹏。还设有研究股和宣教股。该会暂设福州路联营书店总管理处。

10月，上海出版工作者协会筹备会主办的通俗出版业学习讲演班举行，张静庐在会上作《怎样做一个出版工作者》的演讲。

11月3日，组织并担任"上海市出版工作者协会筹备会华北东北参观团"团长，带领上海出版同业20余人赴东北、华北参观考察。

11月7日，参加联营书店北京分店为答谢开业致贺同业暨欢送赴东北参观之上海同业，在前门西泰丰楼饭庄举行的晚宴。

12月12日，"上海市出版工作者协会筹备会华北东北参观团"离京返沪。

1950年　52岁

1月20日，出版总署拟任张静庐为总署办公厅计划处副处长。

2—3 月，调任出版总署工作。

4 月 22 日，参加生活 · 读书 · 新知三联书店第一次全国分店经理会议。

7 月 21 日，第一届全国出版会议筹备委员会成立，胡愈之为主任委员，叶圣陶、周建人为副主任委员，胡绳、徐伯昕为正副秘书长，主持筹备工作，张静庐等 19 人担任委员。

8 月 2 日，参与上海市公私营出版业座谈会，张静庐作为出版总署代表参会。

9 月 15—25 日，参加第一届全国出版会议。

1951 年　53 岁

出版总署机构改革后，进入出版事业司私营企业处任处长。

1952 年　54 岁

开始搜集整理和编纂《中国近现代出版史料》。

1953 年　55 岁

《中国近代出版史料（初编）》由上杂出版社出版。

1954 年　56 岁

《中国近代出版史料（二编）》由上海文艺联合出版社出版。

《中国现代出版史料（甲编）》由中华书局出版。

调任古籍出版社任编审。

1955 年　57 岁

《中国现代出版史料（乙编）》由中华书局出版。

1956 年　58 岁

《中国现代出版史料（丙编）》由中华书局出版。

1957 年　59 岁

与老报人汪北平在古籍出版社申报标点《东华录·光绪朝续录》。

《中国现代出版史料（补编）》由中华书局出版。

1958 年　60 岁

调任中华书局，担任中华书局编审委员会委员及近代史组组长。

1959 年　61 岁

《中国现代出版史料（丁编）》由中华书局出版。

1961 年　63 岁

在《古籍简报》发表《张静庐为〈秋瑾集〉提供资料线索》一文。

3 月 12 日，在《人民日报》发表《关于列宁著作最早介绍到中国来的年代问题》一文。

6 月 22 日，在《人民日报》发表《喜见〈铜版典林〉》一文。

1965 年　67 岁

8—9 月间，退休返沪。

1969 年　71 岁

9 月 17 日，病逝于上海。

参考文献

张静庐编著:《中国小说史大纲 增订删正》,泰东图书局 1921 年版。

张静庐:《中国的新闻记者》,光华书局 1928 年版。

张静庐:《中国的新闻纸》,光华书局 1929 年版。

张静庐:《中国近现代出版史料》,上海书店出版社 2003 年版。

张静庐:《在出版界二十年》,江苏教育出版社 2005 年版。

陈子善、徐如麒编选:《施蛰存七十年文选》,上海文艺出版社 1996 年版。

慈溪市方志办公室编,童银舫、王孙荣主编:《慈溪旧闻》,浙江古籍出版社 2009 年版。

刘兵:《论张静庐》,硕士学位论文,湖南师范大学 2010 年。

马光仁主编:《上海新闻史:1850—1949》,复旦大学出版社 2014 年版。

宁波市政协文史委员会编,龚缨晏执编:《近现代报刊上的宁波》下,宁波出版社 2016 年版。

齐浣心:《中国出版家·金灿然》,人民出版社 2018 年版。

齐晓艳:《张静庐出版思想研究》,硕士学位论文,河北大学 2011 年。

乔晓鹏:《学科史视野下的〈中国近现代出版史料〉研究》,硕士学位论文,河南大学 2019 年。

《生活书店史稿》编委会编:《生活书店史稿》,生活书店出版有限公司 2013 年版。

宋应离、袁喜生、刘小敏:《20 世纪中国著名编辑出版家研究资料汇辑》,河南大学出版社 2005 年版。

宋之的:《自卫队(四幕剧)》,上海杂志公司 1939 年版。

汪耀华:《中国出版家·黄洛峰》,人民出版社 2019 年版。

王延晞、王利编:《郑伯奇研究资料》,知识产权出版社 2009 年版。

吴永贵:《民国出版史》,福建人民出版社 2011 年版。

夏慧夷:《近代浙江出版家群体研究》,浙江大学出版社 2014 年版。

咸立强:《中国出版家·赵南公》,人民出版社 2020 年版。

萧志华主编:《武汉文史资料 1990 年第 2 辑》,武汉市政协文史资料委员会 1990 年版。

谢其章:《漫话老杂志》,山东友谊出版社 2000 年版。

熊复主:《中国抗日战争时期大后方出版史》,重庆出版社 1999 年版。

杨石华:《抗战中期出版思想的碰撞与协调》,硕士学位论文,重庆大学 2017 年。

叶圣陶著、叶至善整理:《叶圣陶日记》中,商务印书馆 2018 年版。

俞子林:《百年书业》,上海书店出版社 2008 年版。

赵南公:《赵南公日记》,上海交通大学出版社 2017 年版。

中国出版科学研究所、中央档案馆编:《中华人民共和国出版史料(1949—1958 年)》,中国书籍出版社 1995—2004 年版。

中华书局编辑部编:《回忆中华书局》,中华书局 1987 年版。

中华书局编辑部编:《中华书局百年大事记》,中华书局 2012 年版。

　　《申报》、《大公报》、《益世报》、《宁波周报》、《国闻周报》、《新华日报》、《小时报》、《烟视报》、《时报》、《新的小说》、《火山月刊》、《新纪元》、《现代儿童》、《现代》、《读书生活》、《天下文章》、《文饭小品》、《书报展望》、《读书与出版》、《出版界》、《时论月刊》、《大风》、《抗战文艺》、《出版史料》

后　记

　　张静庐是现代出版史上有数的人物之一。从泰东图书局的帮工，到光华书局和现代书局的合伙人，再到独立创办上海杂志公司，都是现代出版史上不可忽视的出版实绩。张静庐又多有著述，尤其是新中国成立后苦心编纂的《中国近现代出版史料》，更是人文社科学人经常引用的参考资料。因此，能在"中国出版家丛书"中为张静庐作传，是一件很令人开心的事情。

　　张静庐对自己的出版经历有不少记述，尤其是《在出版界二十年》，提供了一条传主的时间主线。但毕竟是个人的自述，里面不无模糊之处，一些表述也难免有傅彩之嫌。比如书局经营中的纷争，在赵南公、施蛰存等合作伙伴的回忆中，会有一个不同甚至相反的形象。对于这些，后来的研究者的优势，就是可以有一个相对全面的"上帝视角"进行观照和重述。这些来自不同角度的声音，除了让张静庐的形象更为立体，并不会减损他的出版史地位。至于张静庐在新闻记者时期的相关著述，抗战时期以至新中国成立后的出版生涯，本书进行了一次较为集中的梳理。

这本传记由我和乔晓鹏博士合作撰写。我先拟定框架，然后与晓鹏分头写作，互相校阅。初稿完成之后，在外审专家的建议下，又补充了一些相关内容。晓鹏读研时来到汴梁，和我有一段师生情缘。期间，我们围绕张静庐发表了有关"中国文学珍本丛书"和张静庐抗战时期出版生涯的论文。晓鹏的硕士论文，也以张静庐的《中国近现代出版史料》为研究对象。硕士毕业之后，晓鹏负笈金陵，在南京大学张志强教授门下攻读博士学位。从最初的搜集资料，到现在的行将出版，几年之间，晓鹏从一个研二的学生，变成了获得博士学位并入职扬州大学的青年教师。这本小书，是我和晓鹏这几年学术合作的一个成果，但作为统稿人，全书的错讹之处，由我承担主要责任。

这本传记的问世，最感谢策划编辑贺畅老师和责任编辑周颖老师，她们的宽容和督促，尤其在三校过程中的修改建议，其敬业和专业程度让人实为感佩。感谢吴永贵老师的引荐，让我得以两次参与丛书写作。感谢周百义老师、范军老师以及王炎龙兄、张玉亮兄，让书中部分内容得以在公号、会议和刊物上先期展示。张志强老师、杨扬老师等人对本书的关注和建议，谨记心中。书中引用的各种资料，为本书助力和增色不少，谨向各位作者致以谢忱。

王鹏飞

2022 年暑期

统　　筹：贺　畅
责任编辑：周　颖
封面设计：肖　辉　王欢欢
版式设计：汪　莹
责任校对：孟　蕾

图书在版编目（CIP）数据

中国出版家.张静庐／王鹏飞，乔晓鹏 著.—北京：人民出版社，2022.11
（中国出版家丛书／柳斌杰主编）
ISBN 978－7－01－024853－0

I.①中…　II.①王…②乔…　III.①张静庐－生平事迹　IV.① K825.42

中国版本图书馆 CIP 数据核字（2022）第 115265 号

中国出版家·张静庐
ZHONGGUO CHUBANJIA ZHANG JINGLU

王鹏飞　乔晓鹏 著

人 民 出 版 社 出版发行
（100706　北京市东城区隆福寺街 99 号）

北京盛通印刷股份有限公司印刷　新华书店经销

2022 年 11 月第 1 版　2022 年 11 月北京第 1 次印刷
开本：710 毫米 ×1000 毫米 1/16　印张：13.5
字数：156 千字

ISBN 978－7－01－024853－0　定价：54.00 元

邮购地址 100706　北京市东城区隆福寺街 99 号
人民东方图书销售中心　电话（010）65250042　65289539